***ACCESO GRATIS** a la Lectura en la Nube*

Para visualizar el libro electrónico en la nube de lecture envíe junto a su nombre y apellidos una fotografía del código de barras situado en la contraportada del libro y otra del ticket de compra a la dirección:

AF599369

ebooktirant@tirant.com

En un máximo de 72 horas laborales le enviaremos el código de acceso con sus instrucciones.

LA PROPIEDAD EJIDAL

Ejidos, ejidatarios y el régimen legal y fiscal de sus enajenaciones

LA PROPIEDAD EJIDAL

Ejidos, ejidatarios y el régimen legal y fiscal de sus enajenaciones

PASCUAL ALBERTO OROZCO GARIBAY

tirant lo blanch
Ciudad de México, 2025

DR ® Tirant lo Blanch
Avenida Tamaulipas 150, oficina 502
Hipódromo, Cuauhtémoc, 06100, Ciudad de México
Teléfono +52 1 55 65502317
informex@tirant.com
www.tirant.com/mex/
www.tirant.es
Librería virtual: www.tirant.es
ISBN España: 979-13-7021-166-0
MAQUETA: Innovatext

DR ® 2025 Colegio de Notarios de la Ciudad de México
Instituto de Investigaciones Jurídica del Notariado
Río Tigris 63, Cuauhtémoc, 06500, Ciudad de México
Teléfono 55 5511 1819
ISBN México: 978-607-7873-83-9

Impreso y hecho en México

Si tiene alguna queja o sugerencia, envíenos un mail a: *atencioncliente@tirant.com*. En caso de no ser atendida su sugerencia, por favor, lea en *www.tirant.net/index.php/empresa/politicas-de-empresa* nuestro Procedimiento de quejas.

Responsabilidad Social Corporativa: *http://www.tirant.net/Docs/RSCTirant.pdf*

Índice

Capítulo cuarto
ENAJENACIONES EJIDALES

Capítulo quinto
RÉGIMEN FISCAL DE LAS ADQUISICIONES Y ENAJENACIONES DE INMUEBLES EJIDALES

Capítulo sexto
ANÁLISIS CRÍTICO

INTRODUCCIÓN

En este ensayo pretende dar una visión general de la propiedad ejidal desde una perspectiva normativa, jurisprudencial, crítica y práctica.

Para tal efecto se analiza lo que es un ejido como una persona moral con personalidad jurídica y patrimonio propio, sus órganos, asambleas, integrantes y sus tipos de tierras.

Asimismo, se desarrollan los derechos tanto individuales como colectivos de los ejidatarios.

Igualmente se hace hincapié en las enajenaciones ejidales, tanto las efectuadas por el ejido como por los ejidatarios; especificando los requisitos legales para su validez en base a las disposiciones normativas y a los criterios jurisprudenciales.

De igual forma se expone el régimen fiscal tanto de sus adquisiciones como de dichas enajenaciones.

No podía dejarse a un lado el análisis crítico de la propiedad ejidal ya que tal y como se encuentra regulada ha generado un gran estancamiento económico tanto para los ejidatarios como al país y ha incrementado la dependencia alimentaria. Se plantean alternativas de solución a dicha problemática.

En la última parte se presentan veinte casos prácticos que ayuden a comprender de una manera más sencilla las transmisiones de propiedad ejidales, sus requisitos y su tratamiento fiscal.

Capítulo primero

LA PROPIEDAD SOCIAL[1]

I. CONCEPTO

La propiedad social es un tipo de propiedad que comprende la mitad del territorio nacional, regida por los artículos 2-V, VI, 27-VII constitucionales y la Ley Agraria a la que sólo pueden acceder las personas físicas mexicanas, los ejidos, y las comunidades agrarias e indígenas.

La titularidad de la propiedad ejidal corresponde a los ejidos y comprende tres tipos de tierras: a) las de asentamientos humanos; b) las de uso común y c) las parceladas (son las asignadas en usufructo a los ejidatarios).

De 1917 a 1992 las tierras ejidales no se podían enajenar o gravar. A partir de 1992 los ejidatarios pueden ser dueños de sus parcelas siempre y cuando la asamblea de ejidatarios lo acuerda y a su vez los ejidos pueden enajenar las tierras de uso común para constituir sociedades formando parte de ellas, si así la asamblea lo determina.

II. DISTRIBUCIÓN DE LA PROPIEDAD SOCIAL

En el año 2020, de acuerdo con el Registro Agrario Nacional, el total de las tierras ejidales sumaban la cantidad de 82,229,453[2] hectáreas, las cuales estaban distribuidas de la siguiente forma:

---

1 Ver al respecto Orozco Garibay, Pascual Alberto, *La propiedad social en México un problema aún sin resolver. Alternativas jurídicas para un mejoramiento económico y social*", Tesis Doctoral, Escuela Libre de Derecho, México, 2021.

2 Secretaría de Desarrollo Agrario, Territorial y Urbano, http://www.ran.gob.mx/ran/indic_bps/2_SER-2020.pdf Consultada el 4 de agosto de 2021.

a) Se encontraban parceladas 31,995,541 hectáreas;[3]
b) Las destinadas al uso común eran 49,443,468 hectáreas;[4]
c) Las destinadas al asentamiento humano 1,122,419 hectáreas;[5]
d) 491,642 hectáreas como solares urbanos.[6]

En lo referente a la superficie de las comunidades en el año 2020 ésta se integraba por 17,479,218 hectáreas.[7] En consecuencia el total de la superficie de la propiedad social (ejidal y comunal) ascendía a 99,708,671 hectáreas.

Asimismo, el referido registro reportó que existían 29728 ejidos y 2,410 comunidades,[8] y 2,948,049 ejidatarios y 857,281 comuneros.[9]

La diferencia fundamental entre los ejidatarios y comuneros es que los primeros pueden llegar a ser dueños de sus parcelas y los comuneros no.

---

3 Secretaría de Desarrollo Agrario, Territorial y Urbano, http://www.ran.gob.mx/ran/indic_bps/8_SEJCPAR-2020.pdf , consultada el 4 de agosto de 2021.

4 Secretaría de Desarrollo Agrario, Territorial y Urbano, http://www.ran.gob.mx/ran/indic_bps/10_SEJCUC-2020.pdf , consultada el 4 de agosto de 2021.

5 Secretaría de Desarrollo Agrario, Territorial y Urbano, http://www.ran.gob.mx/ran/indic_bps/6_SEJCAH-2020.pdf Consultada el 4 de agosto de 2021.

6 Secretaría de Desarrollo Agrario, Territorial y Urbana, http://www.ran.gob.mx/ran/indic_bps/13_SEJSOLAR-2020.pdf , consultada el 4 de agosto de 2021.

7 Secretaría de Desarrollo Agrario, Territorial y Urbana, http://www.ran.gob.mx/ran/indic_bps/17_SCR-2020.pdf Consultada el 4 de agosto de 2021.

8 Secretaría de Desarrollo Agrario, Territorial y Urbano, http://datos.ran.gob.mx/conjuntoDatosPublico.php , consultada el 20 de julio de 2021.

9 Secretaría de Desarrollo Agrario, Territorial y Urbano http://datos.ran.gob.mx/conjuntoDatosPublico.php, consultada el 2 de agosto de 2021.

III. FUNDAMENTO CONSTITUCIONAL[10]

El reconocimiento constitucional a la propiedad social se encuentra plasmado en la fracción VII del artículo 27 el cual establece, entre otros, los siguientes derechos:

a) A la personalidad jurídica de los núcleos de población ejidales y comunales;
b) A la protección de la propiedad sobre sus tierras, tanto para el asentamiento humano, como para actividades productivas;
c) De asociarse entre sí, con el Estado o con terceros;
d) Otorgar el uso de sus tierras;
e) De transmitir sus derechos parcelarios entre los miembros del núcleo de población;
f) Los requisitos para que la asamblea ejidal pueda otorgarle al ejidatario el dominio pleno de su parcela.[11]

---

10 Lecturas recomendables para conocer este tema son de Méndez de Lara, Maribel Concepción, *El Ejido y la Comunidad en el México del Siglo XXI. La Transición Agraria 1992-2015*, México, Porrúa, 2016, Méndez de Lara, Maribel Concepción, "*Cien años de derecho agrario en México. Evolución, retos y perspectivas,*" Zebadúa, Emilio y Moreno Collado, Jorge, coord., T. I y II, México, Porrúa, 2017 y Orozco Garibay, Pascual Alberto, *La Constitucionalización de la Propiedad Social. Orígenes y perspectivas. El artículo 27 constitucional*, México, Internacional de Derecho y Jurisprudencia, 2019.

11 "Artículo 27 [...] VII. Se reconoce la personalidad jurídica de los núcleos de población ejidales y comunales y se protege su propiedad sobre la tierra, tanto para el asentamiento humano como para actividades productivas. La ley protegerá la integridad de las tierras de los grupos indígenas. La ley, considerando el respeto y fortalecimiento de la vida comunitaria de los ejidos y comunidades, protegerá la tierra para el asentamiento humano y regulará el aprovechamiento de tierras, bosques y aguas de uso común y la provisión de acciones de fomento necesarias para elevar el nivel de vida de sus pobladores. La ley, con respeto a la voluntad de los ejidatarios y comuneros para adoptar las condiciones que más les convengan en el aprovechamiento de sus recursos productivos, regulará el ejercicio de los derechos de los comuneros sobre la tierra y de cada ejidatario sobre su parcela. Asimismo establecerá los procedimientos por los cuales ejidata-

En lo que respecta a la propiedad de las comunidades y pueblos indígenas, —que actualmente también se considera propiedad social—, su fundamento constitucional es el artículo 2 fracción A inciso VI que establece:

> [...] Esta Constitución reconoce y garantiza el derecho de los pueblos y las comunidades indígenas a la libre determinación y, en consecuencia, a la autonomía para [...] VI. Acceder, con respeto a las formas y modalidades de propiedad y tenencia de la tierra establecidas en esta Constitución y a las leyes de la materia, así como a los derechos adquiridos por terceros o por integrantes de la comunidad, al uso y disfrute preferente de los recursos naturales de los lugares que habitan y ocupan las comunidades, salvo aquellos que corresponden a las áreas estratégicas, en términos de esta Constitución. Para estos efectos las comunidades podrán asociarse en términos de ley [...]

La Ley Agraria publicada en el Diario Oficial de la Federación el día 26 de febrero de 1992, que es la ley reglamentaria del artículo 27 constitucional en materia agraria, no solo les reconoce personalidad jurídica a los ejidos, sino también el derecho de propiedad sobre las tierras. Al respecto el artículo 9 indica:

> Los núcleos de población ejidales o ejidos tienen personalidad jurídica y patrimonio propio y son propietarios de las tierras

---

rios y comuneros podrán asociarse entre sí, con el Estado o con terceros y otorgar el uso de sus tierras; y, tratándose de ejidatarios, transmitir sus derechos parcelarios entre los miembros del núcleo de población; igualmente fijará los requisitos y procedimientos conforme a los cuales la asamblea ejidal otorgará al ejidatario el dominio sobre su parcela. En caso de enajenación de parcelas se respetará el derecho de preferencia que prevea la ley. Dentro de un mismo núcleo de población, ningún ejidatario podrá ser titular de más tierra que la equivalente al 5% del total de las tierras ejidales. En todo caso, la titularidad de tierras en favor de un solo ejidatario deberá ajustarse a los límites señalados en la fracción XV.
La asamblea general es el órgano supremo del núcleo de población ejidal o comunal, con la organización y funciones que la ley señale. El comisariado ejidal o de bienes comunales, electo democráticamente en los términos de la ley, es el órgano de representación del núcleo y el responsable de ejecutar las resoluciones de la asamblea. La restitución de tierras, bosques y aguas a los núcleos de población se hará en los términos de la ley reglamentaria."

que les han sido dotadas o de las que hubieren adquirido por cualquier otro título.

Es importante tener presente que el ejido es una persona moral con personalidad jurídica y patrimonio propio integrado por la asamblea de ejidatarios, el comisariado ejidal (órgano de administración) y un órgano de vigilancia.

IV. PROBLEMÁTICA

La propiedad social ha sido un tema constante y preocupante en México, y las propuestas constitucionales y legislativas a partir de 1917 no han resuelto el problema de la propiedad y de la pobreza de los ejidatarios y comuneros. La segunda mitad del siglo XIX se caracterizó por el despojo de las tierras de las comunidades indígenas y de los campesinos y su concentración en pocas manos.[12] A partir de 1917 inicia el reparto agrario, concluyendo en 1992 con la modificación constitucional al artículo 27 que adicionalmente facultó: 1) a los ejidatarios a ser propietarios de sus parcelas y 2) al ejido a poder aportar las tierras de uso común para la constitución de sociedades mercantiles o civiles, formando parte de ellas. Sin embargo, después de 33 años la calidad de vida de los ejidatarios no ha mejorado, por lo que es necesaria una nueva alternativa.

V. LA REFORMA AL ARTÍCULO 27 CONSTITUCIONAL DE 1992 EN MATERIA AGRARIA

El texto de la reforma al artículo 27 constitucional de 1992,[13] tiene los puntos sobresalientes siguientes:

---

12 Orozco Garibay, Pascual Alberto, *La Propiedad Social en México un problema aún sin resolver. Alternativas Jurídicas para un mejoramiento económico y social*, *op. cit.* Esta injusta situación se trató de enmendar en el artículo 27 de la Constitución Política de los Estados Unidos Mexicanos, al establecer la restitución y dotación de tierras a los ejidos, únicamente como usufructuarios de las mismas, conservando el Estado la nuda propiedad.

13 Publicada en el Diario Oficial de la Federación el 6 de enero de 1992.

1) Se dio por terminado el reparto agrario, en consecuencia los núcleos de población ya no pueden solicitar dotación o restitución de tierras y aguas;
2) Las sociedades mercantiles por acciones ya pueden ser propietarias de terrenos rústicos;
3) Se reconoce la personalidad jurídica de los núcleos de población ejidales y comunales y se protege su propiedad sobre la tierra, tanto para el asentamiento humano como para actividades productivas;
4) La ley regulará el derecho de los comuneros a decidir sobre la tierra y de cada ejidatario sobre su parcela;
5) Los ejidatarios y comuneros pueden asociarse entre sí, con el Estado o con terceros y otorgar el uso de sus tierras;
6) Ningún ejidatario puede ser titular de más del equivalente al 5% del total de las tierras del ejido;
7) La asamblea ejidal conforme a los procedimientos establecidos en la ley, puede otorgar al ejidatario el dominio pleno sobre su parcela;
8) Se podrán enajenar las parcelas respetando el derecho de preferencia que señala la ley;
9) Se ratifica la prohibición de los latifundios;
10) Se crean los Tribunales Agrarios y la Procuraduría Agraria;
11) Son de jurisdicción federal todos los conflictos, ya sea por límites de terrenos ejidales y comunales que se hayan pendientes o se susciten entre dos o más núcleos de población o por la tenencia de la tierra de los ejidos y comunidades.

El desarrollo del contenido de la reforma al artículo 27 constitucional se plasmó en la Ley Agraria.

Capítulo segundo

EL EJIDO

I. NATURALEZA Y SU INTEGRACIÓN

El ejido no es un conjunto de tierras, sino una persona moral y como tal tiene personalidad jurídica y patrimonio propio, el cual se encuentra conformado por un conjunto de bienes y derechos denominados propiedad ejidal.

El reconocimiento constitucional de los ejidos se encuentra plasmado en la fracción VII del artículo 27 que en su parte conducente señala:

> Artículo 27... VII. Se reconoce la personalidad jurídica de los núcleos de población ejidales y comunales y se protege su propiedad sobre la tierra, tanto para el asentamiento humano como para actividades productivas. La ley protegerá la integridad de las tierras de los grupos indígenas. La ley, considerando el respeto y fortalecimiento de la vida comunitaria de los ejidos y comunidades, protegerá la tierra para el asentamiento humano y regulará el aprovechamiento de tierras, bosques y aguas de uso común y la provisión de acciones de fomento necesarias para elevar el nivel de vida de sus pobladores. La ley, con respeto a la voluntad de los ejidatarios y comuneros para adoptar las condiciones que más les convengan en el aprovechamiento de sus recursos productivos, regulará el ejercicio de los derechos de los comuneros sobre la tierra y de cada ejidatario sobre su parcela. Asimismo establecerá los procedimientos por los cuales ejidatarios y comuneros podrán asociarse entre si, con el estado o con terceros y otorgar el uso de sus tierras; y, tratándose de ejidatarios, transmitir sus derechos parcelarios entre los miembros del núcleo de población; igualmente fijará los requisitos y procedimientos conforme a los cuales la asamblea ejidal otorgará al ejidatario el dominio sobre su parcela. En caso de enajenación de parcelas se respetara el derecho de preferencia que prevea la ley. Dentro de un mismo núcleo de población, ningún ejidatario podrá ser titular de más tierra que la equivalente al 5% del total de las tierras ejidales. En todo

> caso, la titularidad de tierras en favor de un solo ejidatario deberá ajustarse a los límites señalados en la fracción XV.
>
> La asamblea general es el órgano supremo del núcleo de población ejidal o comunal, con la organización y funciones que la ley señale. El comisariado ejidal o de bienes comunales, electo democráticamente en los términos de la ley, es el órgano de representación del núcleo y el responsable de ejecutar las resoluciones de la asamblea. La restitución de tierras, bosques y aguas a los núcleos de población se hará en los términos de la ley reglamentaria...

La Ley Agraria publicada en el Diario Oficial de la Federación el día 26 de febrero de 1992, que es la ley reglamentaria del artículo 27 constitucional en materia agraria, no solo les reconoce personalidad jurídica a los ejidos, sino también el derecho de propiedad sobre las tierras. Al respecto el artículo 9 establece: "Los núcleos de población ejidales o ejidos tienen personalidad jurídica y patrimonio propio y son propietarios de las tierras que les han sido dotadas o de las que hubieren adquirido por cualquier otro título."

El ejido como persona moral se encuentra integrado por tres órganos: 1) La Asamblea de Ejidatarios, 2) El Comisariado Ejidal y 3) El Consejo de Vigilancia (art. 21, Ley Agraria).

1. La Asamblea de Ejidatarios

Es el órgano supremo del ejido y se encuentra conformada por los ejidatarios (art. 22, Ley Agraria). Son ejidatarios los hombres y mujeres titulares de derechos ejidales (art. 12, Ley Agraria).

Es importante señalar que no toda persona puede ser ejidatario, para ello se requiere ser mexicano, mayor de edad por regla general, haber residido en el núcleo de población ejidal cuando menos un año y ser reconocido como tal por la asamblea o el tribunal agrario y cumplir con los requisitos establecidos en el reglamento interior del ejido (art. 15 y 13, Ley Agraria).

En los términos del artículo 16 de la citada Ley Agraria la calidad de ejidatario se acredita con el certificado de derechos agrarios, con el certificado parcelario de derechos comunes o con la resolución del tribunal agrario.

En los términos del artículo 23 de la Ley Agraria son de la competencia exclusiva de la asamblea los siguientes asuntos:

> Artículo 23.— La asamblea se reunirá por lo menos una vez cada seis meses o con mayor frecuencia cuando así lo determine su reglamento o su costumbre. Serán de la competencia exclusiva de la asamblea los siguientes asuntos:
>
> I. Formulación y modificación del reglamento interno del ejido;
>
> II. Aceptación y separación de ejidatarios, así como sus aportaciones;
>
> III. Informes del comisariado ejidal y del consejo de vigilancia, así como la elección y remoción de sus miembros;
>
> IV. Cuentas o balances, aplicación de los recursos económicos del ejidos y otorgamiento de poderes y mandatos;
>
> V. Aprobación de los contratos y convenios que tengan por objeto el uso o disfrute por terceros de las tierras de uso común;
>
> VI. Distribución de ganancias que arrojen las actividades del ejido;
>
> VII. Señalamiento y delimitación de las áreas necesarias para el asentamiento humano, fundo legal y parcelas con destino específico, así como la localización y relocalización del área de urbanización;
>
> VIII. Reconocimiento del parcelamiento económico o de hecho y regularización de tenencia de posesionarios;
>
> IX. Autorización a los ejidatarios para que adopten el dominio pleno sobre sus parcelas y la aportación de las tierras de uso común a una sociedad, en los términos del artículo 75 de esta ley;
>
> X. Delimitación, asignación y destino de las tierras de uso común así como su régimen de explotación;
>
> XI. División del ejido o su fusión con otros ejidos;
>
> XII. Terminación del régimen ejidal cuando, previo dictamen de la Procuraduría Agraria solicitado por el núcleo de población, se determine que ya no existen las condiciones para su permanencia;
>
> XIII. Conversión del régimen ejidal al régimen comunal;

XIV Instauración, modificación y cancelación del régimen de explotación colectiva; y

XV. Los demás que establezca la ley y el reglamento interno del ejido.

A. Tipos de asambleas

Aunque la legislación agraria no se refiere a asambleas ordinarias y extraordinarias de ejidatarios, válidamente se puede afirmar que son ordinarias las que se refieren a las fracciones de la I a la VI y a su vez son extraordinarias las que tratan los asuntos contenidos en las fracciones VII a XIV. Esta distinción se justifica por los plazos diferentes de convocatorias, los quórums de asistencia y votación según se trata en primera o segunda convocatoria, y las formalidades que se deben cumplir en cada una de ellas.

a. Asambleas ordinarias

Las asambleas ordinarias son aquellas que tratan de los asuntos enumerados en las fracciones de la I a la VI del citado artículo 23. Pueden ser convocadas por el Comisariado Ejidal, por el Consejo de Vigilancia o por la Procuraduría Agraria, por medio de cédulas fijadas en los lugares más visibles del ejido, que contendrá los asuntos a tratar y el lugar y fecha de la reunión, con una anticipación no menor de 8 días ni más de 15 días (arts. 24, 25, Ley Agraria).

Se requiere un quórum de asistencia de por lo menos la mitad más uno de los ejidatarios si se trata de primera convocatoria y si se trata de segunda o ulterior convocatoria la asamblea se considerará válida, cualquiera que sea el número de ejidatarios que concurra (art. 26, Ley Agraria).

Para que las resoluciones sean válidas se requiere que sean acordadas por la mayoría de votos de los ejidatarios presentes y son obligatorias para los ausentes y disidentes. En caso de empate el Presidente del comisariado ejidal tiene voto de calidad (art. 27, Ley Agraria).

b. Asambleas extraordinarias

Las asambleas extraordinarias son las competentes para resolver los asuntos mencionados en las fracciones de la VII a la XIV del artículo 23. En este tipo de asambleas se requiere que la convocatoria se expida por lo menos con un mes de anticipación a la fecha de la celebración de la misma (art. 25, Ley Agraria).

Se necesita la presencia de cuando menos tres cuartas partes de los ejidatarios, cuando se celebre por virtud de primera convocatoria y en caso de tratarse de segunda o ulterior convocatoria se requiere que asistan por lo menos la mitad más uno de los ejidatarios, y para que las resoluciones se consideran válidas es indispensable el voto aprobatorio de dos terceras partes de los ejidatarios asistentes (arts. 26, 27, Ley Agraria).

Adicionalmente en este tipo de asambleas se requiere que se encuentren presentes un representante de la Procuraduría Agraria, y un fedatario público, de lo contrario las asambleas serán nulas (art. 28, Ley Agraria).

De toda asamblea se levantará el acta respectiva la cual debe ser firmada por los miembros del comisariado ejidal y del consejo de vigilancia que asistan, así como de los ejidatarios presentes que deseen hacerlo. En las asambleas extraordinarias el acta debe ser protocolizada ante el fedatario público y firmada por el representante de la Procuraduría Agraria que asistió e inscribirse en el Registro Agrario Nacional (art. 31, Ley Agraria).

La reglamentación de las convocatorias, quórum de asistencia y de votación de las asambleas, al igual que el contenido de las actas, se encuentra regulado en los artículos del 8 al 12, 16, 18, 60-68 del Reglamento de la Ley Agraria en Materia de Certificación de Derechos Ejidales y Titulación de Solares, publicado en el Diario Oficial de la Federación el 6 de enero de 1993.[14]

---

14 En el apartado siguiente se describirán con mayor detalle las formalidades especiales que se requieren para su validez.

2. *El Comisariado Ejidal*

En los términos del artículo 32 de la Ley Agraria el Comisariado Ejidal es el órgano encargado de la ejecución de los acuerdos de la asamblea, así como de la representación y gestión administrativa del ejido. Se encuentra integrado por un Presidente, un Secretario y un Tesorero, propietarios y sus respectivos suplentes; al igual que por las comisiones y secretarios auxiliares previstos en su reglamento interno.

> Artículo 32.— El comisariado ejidal es el órgano encargado de la ejecución de los acuerdos de la asamblea, así como de la representación y gestión administrativa del ejido. Estará constituido por una persona titular de la Presidencia, una persona titular de la Secretaría y una persona titular de la Tesorería, propietarias y sus respectivas personas suplentes. Asimismo, contará en su caso con las comisiones y las secretarias y los secretarios auxiliares que señale el reglamento interno. Este habrá de contener la forma y extensión de las funciones de cada integrante del comisariado; si nada dispone, se entenderá que sus integrantes funcionarán conjuntamente.
>
> La integración del comisariado ejidal se realizará en observancia al principio de paridad.
>
> Artículo 37.— Las personas integrantes del comisariado y del consejo de vigilancia, así como sus suplentes, serán electas en asamblea. El voto será secreto y el escrutinio público e inmediato. En caso de que la votación se empate, se repetirá ésta y si volviere a empatarse se asignarán los puestos por sorteo entre las personas que hubiesen obtenido el mismo número de votos.
>
> Las candidaturas a puestos de elección que integran el comisariado ejidal y el consejo de vigilancia, deberán integrarse de manera paritaria, pudiendo aspirar a cualquiera de los puestos indistintamente. Las comisiones y secretarías auxiliares con que cuenta el comisariado ejidal, se integrarán conforme al principio de paridad de género.[15]

---

[15] La Segunda Sala de la Suprema Corte determinó que la Ley Agraria no vulnera el derecho a la libre asociación al prever que las planillas de las candidaturas a los puestos de elección del comisariado ejidal y del consejo de vigilancia no pueden integrarse por más del 60% de personas de un mismo género. Amparo directo en revisión 7737/2023.

Las facultades y obligaciones del comisariado ejidal se encuentran consignadas en el artículo 33 de la Ley Agraria que a la letra dice:

> Artículo 33. Son facultades y obligaciones del comisariado:
>
> I. Representar al núcleo de población ejidal y administrar los bienes comunes del ejido, en los términos que fije la asamblea, con las facultades de un apoderado general para actos de administración y pleitos y cobranzas;
>
> II. Procurar que se respeten estrictamente los derechos de los ejidatarios;
>
> III. Convocar a la asamblea en los términos de la ley, así como cumplir los acuerdos que dicten las mismas;
>
> IV. Dar cuenta a la asamblea de las labores efectuadas y del movimiento de fondos, así como informar a ésta sobre los trabajos de aprovechamiento de las tierras de uso común y el estado en que éstas se encuentren;
>
> V. Las demás que señalen la ley y el reglamento interno del ejido.

Es importante recalcar que el Comisariado Ejidal no tiene facultades para actos de dominio en consecuencia, no puede enajenar o gravar los bienes ejidales; para ello se requiere de una asamblea extraordinaria.

Los miembros del comisariado ejidal que se encuentren en funciones están incapacitados para adquirir tierras o derechos ejidales de cualquier tipo, excepto por herencia (art. 34 ley agraria), para evitar que abusen de sus cargos y que se configure el contrato consigo mismo, prohibido igualmente en el derecho común (arts. 2276-2282, Código Civil Federal).

3. *Consejo de vigilancia*

Su función esencial como su nombre lo indica es vigilar que el comisariado ejidal cumpla sus obligaciones. Este órgano del ejido se encuentra constituido por un Presidente y dos Secretarios propietarios y sus respectivos suplentes.

Sus facultades y obligaciones son las siguientes:

> Artículo 36. Son facultades y obligaciones del consejo de vigilancia:
>
> I. Vigilar que los actos del comisariado se ajusten a los preceptos de la ley y a lo dispuesto por el reglamento interno o la asamblea;
>
> II. Revisar las cuentas y operaciones del comisariado a fin de darlas a conocer a la asamblea y denunciar ante ésta las irregularidades en que haya incurrido el comisariado;
>
> III. Convocar a asamblea cuando no lo haga el comisariado; y
>
> IV. Las demás que señalen la ley y el reglamento interno del ejido.

Disposiciones comunes al comisariado ejidal y al consejo de vigilancia:

a) Para ser integrante de los mismos, se requiere ser ejidatario del núcleo de población, haber trabajado en el mismo por lo menos los últimos 6 meses, estar en pleno goce de sus derechos y trabajar en el ejido durante el tiempo de su encargo (art. 38, Ley Agraria).

b) Son electos en una asamblea mediante voto secreto y escrutinio público e inmediato (art. 37, Ley Agraria).

c) Duran en sus funciones tres años y no pueden ser electos para ningún cargo dentro del ejido, durante un lapso igual a aquél en que estuvieron en ejercicio. Si al término del periodo no se han celebrado elecciones, automáticamente son sustituidos por los suplentes (art. 39, Ley Agraria).

d) Se les puede remover en cualquier tiempo por acuerdo de la asamblea (art. 40, Ley Agraria)

e) Deben actuar conjuntamente salvo que su reglamento interno disponga lo contrario (art. 32 y 35, Ley Agraria)

II. ASAMBLEAS DE FORMALIDADES ESPECIALES

Dentro de las asambleas extraordinarias existen algunas que requieren de formalidades especiales.

En los términos del acuerdo expedido por el Procurador Agrario publicado en el Diario Oficial de la Federación el 12 de febrero de 2025 se les define de la siguiente forma: "...Artículo 2. Definiciones... 1. Asamblea formalidades especiales. A las previstas en las fracciones VII, IX y X del artículo 23 de la Ley Agraria respecto a la autorización a los ejidatarios para que adopten el dominio pleno sobre sus parcelas y el cambio de destino de tierras de uso común a parcelas o al asentamiento humano en los núcleos agrarios..."

En el citado acuerdo se establecen los lineamientos, requisitos y criterios que deben cumplir los servidores públicos que asistan a las asambleas de formalidades especiales, y para ello deben contar con la autorización de la Dirección General de Apoyo al Ordenamiento de la Propiedad Rural (DGAOPR) en los siguientes supuestos:

a) Cuando el propósito de la asamblea sea el cambio de destino de tierras deberá adjuntarse la petición a la DGAOPR, quien resolverá en definitiva la autorización si total o parcialmente podrá afectarse la superficie de terreno, previa la opinión que le solicite a la autoridad ambiental competente (art. 5 del citado acuerdo). [16]

b) Cuando el objeto de la asamblea sea la regularización de asentamientos humanos se deberá adjuntar el dictamen de impacto urbano (art. 5 del citado acuerdo).

c) Cuando se trate de proyectos estratégicos, prioritarios o urgentes la subprocuraduría general de la Procuraduría Agraria podrá autorizar al servidor público para que pueda asistir a la asamblea (art. 5, del citado acuerdo).

---

16 Las autoridades competentes son: La Dirección General de Gestion Forestal, Suelos y Ordenamiento Ecológico de la Secretaría de Medio Ambiente y Recursos Naturales y la Comisión Nacional de Áreas Naturales Protegidas en el Ámbito de sus respectivas competencias. Art. 2 del citado acuerdo.

Los servidores públicos deberán informar al núcleo agrario dentro de los tres días siguientes a partir de la resolución que contiene la autorización para acudir a la asamblea (art. 6. del citado acuerdo).

En caso de que el servidor público asista y participe en la asamblea sin la autorización previa, su asistencia y participación se considerará nula (art. 11, del citado acuerdo).

Adicionalmente a la asistencia del servidor público autorizado por la Procuraduría Agraria, debe intervenir un Notario para dar fe de hechos de los elementos esenciales y formales de las asambleas, cuando tengan por objeto:

a) La asignación del dominio pleno de las parcelas a los ejidatarios;

b) La delimitación, destino y asignación de tierras de uso común a: 1) parcelas y 2) solares urbanos; y

c) La regularización de asentamiento humano. Arts. 23 fracciones VII, IX y X de la Ley Agraria y 8 del reglamento en Materia de Certificación de Derechos Ejidales y Titulación de Solares.

El artículo 8 del Reglamento de la Ley Agraria en Materia de Certificación de Derechos Ejidales y Titulación de Solares es el que prescribe los plazos para expedir la convocatoria, quórum de asistencia y de votación según se trate de primera o ulterior convocatoria en los siguientes términos:

> ... I... a) Si se trata de primera convocatoria, ésta deberá ser expedida cuando menos con un mes de anticipación... b) En caso de segunda o ulterior convocatoria, la Asamblea deberá celebrarse en un plazo no menor a ocho ni mayor a treinta días, contado a partir de la expedición de la segunda convocatoria...
>
> II...a) La Asamblea que se realice en virtud de primera convocatoria requerirá de la asistencia de, cuando menos, tres cuartas partes de los ejidatarios...b) La Asamblea que se derive de segunda o ulteriores convocatorias, requerirá de asistencia de la mitad más uno de los ejidatarios...

> III... a) La Asamblea reunida tanto en primera como en segunda o ulterior convocatoria, requerirá del voto aprobatorio de las dos terceras partes de los ejidatarios asistentes...
>
> IV. Para la celebración de la Asamblea: a) Deberá llevarse a cabo en el lugar habitual, salvo causa justificada; b) Deberá estar presente un representante de la Procuraduría... c) Requerirá además, la presencia de un fedatario público...

En cuanto al acta de asamblea el citado artículo 8-V establece lo siguiente:

> V. En cuanto al acta de Asamblea: a) Deberá ser firmada por el representante de la Procuraduría que hubiese estado presente; b) Deberá ser firmada por los miembros del Comisariado y del Consejo de Vigilancia que asistan, por el Presidente y Secretario de la Asamblea, así como por los ejidatarios presentes que deseen hacerlo. En caso de que quiénes deban firmar no puedan hacerlo, imprimirán su huella digital, debajo de donde esté escrito su nombre; c) Cuando exista inconformidad sobre de los acuerdos asentados en el acta, cualquier ejidatario podrá firmar bajo protesta haciendo constar tal hecho; d) Deberá ser pasada ante la fe del fedatario público asistente a la asamblea, inmediatamente después de concluir ésta, y e) Deberá inscribirse en el Registro, una vez satisfechas las formalidades anteriores...

III. LOS EJIDATARIOS Y SUS DERECHOS

1. Concepto de ejidatario

Los ejidatarios son los hombres y mujeres titulares de derechos ejidales (art. 12, Ley Agraria)

Para ser ejidatario se requiere ser mexicano, avecindado del ejido y mayor de edad, salvo que sea heredero del ejidatario o tenga familia a su cargo, en cuyos casos no se requiere la mayoría de edad (art. 15, Ley Agraria).

Se acredita el carácter de ejidatario con los siguientes documentos:

a) Certificado de derechos agrarios expedido por la autoridad competente;

b) Con el certificado parcelario o de derechos comunes y

c) Con la sentencia o resolución dictada por el Tribunal Agrario (art. 16, Ley Agraria).

Tal como lo señala Isaías Rivera Rodríguez:

> La calidad de ejidatario se adquiere por reconocimiento de la asamblea (art. 23, frac. II), por enajenación legal de derechos parcelarios (art. 80) o mediante resolución jurisdiccional del Tribunal Agrario... Se pierde la calidad por la cesión legal de los derechos parcelarios y comunes (tierras de uso común), por renuncia de esos derechos, por prescripción negativa (art. 20) y por sentencia del tribunal agrario competente[17]

2. *Derechos de los ejidatarios*

Siguiendo el criterio de Víctor Rafael Aguilar Molina los derechos del ejidatario se pueden clasificar en individuales y colectivos.[18]

Los derechos individuales son:

A) De uso y disfrute sobre su parcela;

B) El derecho de propiedad sobre su parcela (arts. 81 y 82, Ley Agraria);

C) El de recibir el certificado parcelario (art. 16-I, Ley Agraria);

D) El de designar a su sucesor (art. 17, Ley Agraria);

E) El derecho a recibir un solar en la zona urbana del ejido (art. 68, Ley Agraria);

F) El derecho a participar en las asambleas por sí mismo o por medio de sus representantes, al igual que votar

---

[17] Rivera Rodríguez, Isaías, *El Nuevo Derecho Agrario Mexicano*, México, Mc Graw-Hill, 1994, p. 123.

[18] Aguilar Molina, Víctor Rafael, *La actividad notarial en el nuevo derecho agrario*, Breviario 1, México, Colegio de Notarios del Distrito Federal-Porrúa, 2007.

y ser votado para ocupar un cargo en los órganos del ejido (arts. 23-28, Ley Agraria);

G) Los establecidos en el reglamento del ejido respectivo;

H) La cesión de sus derechos parcelarios;

I) Los ejidatarios pueden asumir el dominio pleno si la asamblea decide el régimen ejidal (art. 29 Ley Agraria).

Los derechos colectivos son:

A) De uso y disfrute sobre las tierras de uso común por sí mismo o a través de terceros mediante contratos de asociación y aprovechamiento de tierras (arts. 45, 62 y 79, Ley Agraria).

B) El derecho a recibir certificado sobre tierras de uso común (art. 6-I, Ley Agraria).

C) Los demás derechos consignados en el reglamento del ejido.

Los derechos individuales de los ejidatarios:

a) Los ejidatarios tienen el derecho al aprovechamiento, uso y usufructo de la parcela que se le hubiera asignado (arts. 14, 76, Ley Agraria). Lo pueden hacer directamente o celebrar cualquier contrato de asociación o aprovechamiento, pudiendo en consecuencia conceder a otros ejidatarios o terceros, su uso, usufructo, aparcería, arrendamiento, mediería, comodato con la única limitante que dichos contratos no podrán tener una duración mayor de 30 años, aunque se puede autorizar su prórroga (arts. 79, 45, Ley Agraria).

   Los ejidatarios igualmente pueden otorgar en garantía el usufructo de sus parcelas, ya sea a favor de instituciones de crédito o de personas con las que tengan relaciones de asociación o comerciales; debiéndose constituir dicha garantía ante fedatario público e inscribirse en el Registro Agrario Nacional (art. 46, Ley Agraria).

b) Los ejidatarios igualmente pueden tener el derecho de propiedad sobre su parcela, que se les asigno, siempre y cuando la asamblea haya acorado la adopción del dominio pleno sobre la misma, y ellos estén de acuerdo en ello (arts. 23-IX, 81, 82, Ley Agraria).

   Los ejidatarios acreditan el dominio pleno sobre las parcelas con el título de propiedad que les expide el Registro Agrario Nacional, mismo que deberá inscribirse en el Registro Público de la Propiedad de la entidad federativa en la que se encuentra ubicado el ejido para que pueda surtir efectos contra terceros.

   Para obtener dicho título deben solicitar previamente al Registro Agrario Nacional que dichas tierras sean dadas de baja de dicho registro, y a partir de la cancelación de la inscripción, las tierras dejan de ser ejidales y quedan sujetas al derecho común aunque para su enajenación deben cumplir con los requisitos prescritos en la Ley Agraria tal como se precisa más adelante en el capítulo IV (arts. 82, Ley Agraria y 3007, Código Civil Federal).

c) El derecho de recibir el certificado parcelario. Los derechos de los ejidatarios sobre sus parcelas se acreditan con sus correspondientes certificados de derechos agrarios o certificados parcelarios que contendrán los datos de identificación de la parcela, expedidos por acuerdo de la asamblea de ejidatarios. Igualmente pueden acreditar su derecho con la resolución emitida por el Tribunal Agrario (arts. 78, 74 Ley Agraria). Dichos certificados y resoluciones deben estar inscritos en el Registro Agrario Nacional para que surtan efectos contra terceros (arts. 150, 152-I, II, Ley Agraria y artículos tercero y décimo séptimo del Reglamento de la Ley Agraria en Materia de Certificación de Derechos Ejidales y Titulación de Solares).

d) El derecho de designar a su sucesor. En los términos del artículo 17 de la ley agraria el ejidatario tiene la facultad de designar a quien debe sucederle en sus derechos ejidales.

A este tipo de designación la Ley Agraria la denomina lista de sucesión, la cual debe ser depositada en el Registro Agrario Nacional o formalizada ante fedatario público.

Tal como lo señala atinadamente Juan Manuel Asprón Pelayo: "Esta lista tampoco es un testamento porque la ley no le da esa categoría, por lo cual no revoca el último testamento hecho por el ejidatario."[19]

La voluntad del ejidatario se encuentra limitada, ya que sólo puede designar a un beneficiario y no a varios. Al respecto señala Víctor Rafael Aguilar Molina: "... la voluntad no es absolutamente libre, en tanto que el sucesor solamente puede ser una persona, pudiendo el ejidatario o comunero, elegir entre el cónyuge, la concubina o el concubinario, uno de los hijos, uno de los ascendientes o cualquier otra persona."[20]

Cabe preguntarse si en un testamento público abierto, se puede dejar a título de legado los derechos ejidales a una persona. Víctor Rafael Aguilar Molina asevera: "... los derechos agrarios no podrán ser materia de legado, sino que deberá indicarse la lista a que se refiere el artículo 17".[21]

El problema surge porque tradicionalmente la lista de sucesión se deposita en el Registro Agrario Nacional (arts. 17, Ley Agraria y 2-IX, 72, 73 del Reglamento Interior del Registro Agrario Nacional) y no se formaliza ante fedatario público en los términos del referido artículo 17.

Tal como está redactada la disposición agraria citada no encuentro una prohibición tajante para que en una de las cláu-

---

19 Asprón Pelayo, Juan Manuel, *Sucesiones*, México, Mc Graw-Hill, 2002, pp. 66.

20 *Ibidem*, p. 10.

21 *Ibidem*, p. 13.

sulas del testamento público abierto se incluya la lista de sucesión, estableciendo el orden de preferencia aunque el notario deberá informarlo al Registro Agrario Nacional.

En caso de que dicha lista no se haya formalizado ante fedatario público, el ejidatario la formulará por escrito en donde consten los nombres de las personas y el orden de preferencia conforme al cual deba hacerse la adjudicación a su fallecimiento. Dicha lista debe ser depositada en el Registro Agrario Nacional, previa la verificación de la autenticidad de la firma o huella digital del ejidatario. El original de la lista de sucesión se guarda en un sobre cerrado, indicando en el mismo la fecha de su recepción (arts. 17, Ley Agraria y 2-IX, 72 y 73 del Reglamento Interior del Registro Agrario Nacional).

En el supuesto caso de que el ejidatario no hubiera elaborado o formalizado la referida lista de sucesión, la Ley Agraria en su artículo 18 establece quienes tienen derecho a suceder al ejidatario en sus derechos agrarios. Al respecto el artículo 18 señala:

> Cuando el ejidatario no haya hecho designación de sucesores, o cuando ninguno de los señalados en la lista de herederos pueda heredar por imposibilidad material o legal, los derechos agrarios se transmitirán de acuerdo con el siguiente orden de preferencia:
>
> I. Al cónyuge;
>
> II. A la concubina o concubinario;
>
> III. A uno de los hijos del ejidatario;
>
> IV. A uno de sus ascendientes; y
>
> V. A cualquier otra persona de las que dependan económicamente de él.
>
> En los casos a que se refieren las fracciones III, IV y V, si al fallecimiento del ejidatario resultan dos o más personas con derecho a heredar, los herederos gozarán de tres meses a partir de la muerte del ejidatario para decidir quién, de entre ellos, conservará los derechos ejidales. En caso de que no se pusieran de acuerdo, el tribunal agrario proveerá la venta de dichos derechos ejidales en subasta pública y repartirá el producto, por partes iguales, entre las personas con derecho a heredar. En

> caso de igualdad de posturas en la subasta tendrá preferencia cualquiera de los herederos.[22]

Es evidente que el orden establecido en materia agraria no corresponde al establecido en materia civil, en cuyo caso la preferencia la tienen todos los hijos y el cónyuge solo puede heredar si carece de bienes o los que tiene no igualan la porción que a cada hijo le corresponda. [23]

En caso de no existir sucesores el Tribunal Agrario ordenará la venta de los derechos agrarios al mejor postor entre los ejidatarios o avecinados del ejido de que se trate y el importe de la enajenación le corresponde al núcleo de población (art. 19, Ley Agraria).

e) El derecho a recibir un solar en la zona urbana del ejido, que implica un derecho de propiedad sobre el mismo (arts. 68, 69, Ley Agraria).

---

22 El ejidatario puede designar a un beneficiario por cada una de sus parcelas. Contradicción de Tesis 383/2009. Resuelta por la Segunda Sala de la Suprema Corte de Justicia el 9 de diciembre del 2009.
Los posesionarios regulares tienen derecho a designar a quien deba sucederles en sus derechos agrarios. Amparo en revisión 318/2020. Resuelto por la Segunda Sala de la Suprema Corte.
SUCESIÓN EN MATERIA AGRARIA. DESDE EL ENFOQUE DE LA PERSPECTIVA DE GÉNERO Y DEL DERECHO A LA IGUALDAD DE LAS PARTES CONTENDIENTES, CUANDO EL EJIDATARIO DE CUJUS CONTRAJO MATRIMONIO CON DOS PERSONAS DISTINTAS, AMBAS CÓNYUGES SUPÉRSTITES TIENEN DERECHO A HEREDAR EN CONCURRENCIA (INTERPRETACIÓN DEL ARTÍCULO 18 DE LA LEY AGRARIA). Registro digital: 2025910.— Undécima época.— Materia(s): Administrativa.— Tesis: XXXII.1 A (11a.).— Instancia: Tribunales Colegiados de Circuito.— Tipo: Aislada.— Fuente: Seminario Judicial de la Federación.
SUCESIÓN EN MATERIA AGRARIA. EL HIJO MENOR DE EDAD DEL DE CUJUS CONCEBIDO FUERA DE MATRIMONIO TIENE DERECHO A HEREDER EN CONCURRENCIA CON LA CÓNYUGE SUPÉRSTITE (ANÁLISIS INTERPRETATIVO DEL ARTÍCULO 18 DE LA LEY AGRARIA). Época: Undécima Época.— Registro: 2024857.— Instancia: Tribunales Colegiados de Circuito.— Tipo de Tesis: Aislada.

23 Arts. 1602, 1607, 1608, 1624 del Código Civil Federal y del Código Civil para el Distrito Federal.

f) El derecho a participar en las asambleas por sí mismo o por medio de su representante y votar y ser votado para ocupar un cargo en los órganos del ejido (arts. 26, 27, 30, 37, 38, Ley Agraria).

   En los únicos supuestos en que no se permite designar a un mandatario, es en los casos de asambleas que se reúnan para tratar de los asuntos señalados en las fracciones VII a XIV del artículo 23 de la Ley Agraria antes citado (art. 30, Ley Agraria).

g) Los derechos establecidos en el reglamento del ejido respectivo.

h) Ceder sus derechos parcelarios en los términos que se especifican más adelante.

Derechos colectivos de los ejidatarios:

A) El derecho de usar y disfrutar de las tierras de uso común.

   De conformidad con el artículo 73 de la Ley Agraria son tierras de uso común aquellas que constituyen el sustento económico del ejido y que no se reservaron por la asamblea para el asentamiento del núcleo de población, ni se trate de tierras parceladas. Las tierras de uso común son inalienables, imprescriptibles e inembargables, salvo el caso que la asamblea acuerde aportarlas a una sociedad civil o mercantil con las formalidades previstas en los artículos 24 a 28 y 31 de la Ley Agraria (arts. 74 y 75, Ley Agraria).

   El reglamento interno del ejido es el que regula el uso, aprovechamiento, acceso y conservación de las tierras de uso común del ejido y los derechos y obligaciones de los ejidatarios sobre dichas tierras (arts. 74, 56-III, Ley Agraria).

   De conformidad con el artículo 59 de la Ley Agraria los bosques y selvas tropicales no se pueden asignar en parcelas (so pena de nulidad de pleno derecho), por lo que necesariamente son de uso común.

B) El derecho a recibir su certificado sobre tierras de uso común.

Tal como se indicó anteriormente el certificado lo expide el Registro Agrario Nacional. Tomando como base el acuerdo la asamblea de ejidatarios y el plano interno del ejido (art. 56-III, Ley Agraria).

C) Los demás derechos consignados en el reglamento interior del ejido.

Capítulo tercero
LA PROPIEDAD EJIDAL

I. CONCEPTO

El ejido es una persona moral y como tal tiene personalidad jurídica y patrimonio propio, el cual se encuentra conformado por un conjunto de bienes y derechos denominados propiedad ejidal.[24]

El ejido como persona moral se encuentra integrado por tres órganos: a) La Asamblea de Ejidatarios, b) El Comisariado Ejidal y c) El Consejo de Vigilancia (art. 21, Ley Agraria).

La propiedad ejidal es un tipo de propiedad de la que son titulares los ejidos y ejidatarios regida por la Ley Agraria.

II. CLASIFICACIÓN Y CARACTERÍSTICAS DE LOS BIENES EJIDALES

Son tierras ejidales las que han sido dotadas al núcleo de población ejidal o incorporadas al régimen ejidal (art. 43 Ley Agraria).

Por su destino los bienes de propiedad ejidal se dividen: en tierras para el asentamiento humano, tierras de uso común y tierras parceladas (art. 44, Ley Agraria).

---

[24] En esta materia se pueden consultar entre otros autores a Víctor Rafael Aguilar Molina, Víctor Rafael, *La actividad notarial... op. cit.*, Aguilasocho Rubio, Ricardo, *Guía para las enajenaciones agrarias*, 2ª México, Popocatépetl, 2009; Orozco Garibay, Pascual Alberto, Pascual Alberto Orozco Garibay, "Naturaleza del Ejido. De la Propiedad Ejidal. Características y Limitaciones", *Revista Mexicana de Derecho,* Colegio de Notarios del Distrito Federal. Núm. 12, Porrúa y Colegio de Notarios del Distrito Federal, México, 2010, pp. 163-193 y Orozco Garibay, Pascual Alberto, *El régimen constitucional de la propiedad en México*, Breviario 54, México, Colegio de Notarios de la Ciudad de México-Tirant lo Blanch, 2022, 135 p.

Corresponde a la asamblea de ejidatarios determinar el destino de las tierras, ya sea para: 1) Asentamiento humano, 2) Del uso común o 3) Parcelarlas a favor de los ejidatarios (art. 56, Ley Agraria).

1. *Asentamiento humano*

De conformidad con la Ley Agraria las tierras destinadas para el asentamiento humano son las tierras necesarias para el desarrollo de la vida comunitaria del ejido, compuesta por los terrenos en que se ubique la zona de urbanización y su fundo legal, al igual que las áreas de reserva para el crecimiento de la zona de urbanización, para los servicios públicos de la comunidad, los solares, la parcela escolar, la unidad agrícola industrial para la mujer y la unidad productiva para el desarrollo integral de la juventud (arts. 63, 65, 67, 70, 71, 72, Ley Agraria).

La trascendencia jurídica de las tierras ejidales destinadas al asentamiento humano consiste en que éstas no se pueden, enajenar, prescribir o embargar, con excepción de los solares que son de propiedad plena de sus titulares (arts. 64 y 68, Ley Agraria).

2. *Del uso común*

Son aquellas tierras que no se reservaron para el asentamiento del núcleo de población, ni se trata de tierras parceladas y son las que constituyen el sustento económico del ejido (arts. 73, Ley Agraria).

Estas tierras de uso común son inalienables, imprescriptibles e inembargables, salvo que la asamblea en casos de manifiesta utilidad acuerde aportarlas a sociedades mercantiles o civiles, transmitiendo el dominio de ellas, para formar parte de dichas sociedades (arts. 74 y 75, Ley Agraria), o en su defecto resuelva destinarla al asentamiento humano o a su parcelamiento (art. 56, Ley Agraria) sin embargo está prohibido asignar parcelas en bosques o selvas tropicales (art. 59, Ley Agraria).

El núcleo de población puede aportar el dominio de tierras de uso común a sociedades mercantiles o civiles en las que participen el ejido o los ejidatarios, en cuyo caso las tierras dejan de ser ejidales (art. 75, Ley Agraria).

El artículo 27-IV constitucional sólo autoriza a la Ley Agraria a reglamentar las adquisiciones de terrenos agrícolas, ganaderos o forestales por parte de sociedades mercantiles por acciones (sociedad anónima, sociedad anónima simplificada y comandita por acciones) y no todo tipo de sociedades mercantiles y mucho menos a sociedades civiles, por lo que evidentemente la ley agraria en este aspecto es inconstitucional.

Es necesario recalcar que para que la aportación que realice el núcleo de población de las tierras de uso común agrícola, ganaderas o forestales a sociedades mercantiles o civiles, sea válida éstas deben tener una serie especial de acciones o partes sociales identificadas con la letra T, la que será equivalente al capital aportado mediante dichas tierras, las cuales no gozarán de derechos especiales sobre la tierra o derechos corporativos distintos a las demás acciones o partes sociales, aunque al liquidarse la sociedad sólo los titulares de dichas acciones o partes sociales tienen derecho a recibir dichas tierras en pago de las mismas (art. 127, Ley Agraria).

3. Parcelarlas a favor de los ejidatarios

Son las superficies de terreno que han sido adjudicadas en forma individual o en copropiedad a miembros del ejido, quienes tienen los derechos de su aprovechamiento, uso y usufructo y en caso de que la asamblea lo resuelva, podrán asumir el dominio pleno sobre sus parcelas (arts. 76, 81 y 82, Ley Agraria).

De manera sintética se puede concluir que las tierras ejidales destinadas al asentamiento humano son imprescriptibles, inembargables e inalienables, con excepción de los solares que serán de propiedad plena de sus titulares; las tierras de uso común son aquellas que constituyen el sustento económico del ejido, y son las que no se encuentran parceladas ni destinadas al asentamiento del núcleo de población son igualmente imprescriptibles, inalienables e inembargables salvo que la asamblea de ejidatarios determine aportarlas a una sociedad mercantil o civil, o en su caso a su parcelamiento y por último las tierras parceladas son aquellas que han sido adjudicadas a los miembros el ejido, quienes pueden aprovecharlas, usarlas o usufructuarlos y en caso de que la asamblea lo determine, pueden adquirir la propiedad plena sobre sus parcelas.

Capítulo cuarto

ENAJENACIONES EJIDALES[25]

I. POR EL EJIDO

El ejido como persona moral puede adquirir o enajenar toda clase de bienes. La asamblea de ejidatarios es la que decide la adquisición o enajenación de todo tipo de inmuebles propiedad del ejido y el ejecutor de dichas resoluciones es el Comisariado Ejidal (arts. 22, 23, 33, 74 y 75).

II. APORTACIONES DE TIERRAS DE USO COMÚN[26]

Requisitos legales:

El núcleo de población puede aportar el dominio de tierras de uso común a sociedades mercantiles o civiles en las que participen como accionistas o socios el ejido o los ejidatarios, en cuyo caso las tierras dejan de ser ejidales (art. 65, Ley Agraria).

Se pretendía capitalizar el campo a través de la participación de la iniciativa privada, quienes aportarían los recursos económicos para adquirir mejores insumos y óptimas maquinarias agrícolas. El problema de fondo es que los particulares no quieren tener como socios a ejidatarios.

La Constitución sólo autoriza a la Ley Agraria a reglamentar las adquisiciones de terrenos agrícolas, ganaderos o forestales por parte de sociedades mercantiles por acciones (sociedad anónima, sociedad anónima simplificada y comandita por

---

25 Es muy útil y recomendable en esta materia consultar el texto del Registro Agrario Nacional y otros, *Actos jurídicos-agrarios con la participación de las y los Notarios Públicos conforme a la Ley Agraria. Protocolo orientador,* México, Tribunales Agrarios Procuraduría Agraria, Registro Agrario Nacional y Colegio Nacional del Notariado Mexicano, 2022.

26 Véase capítulo II apartado 2.

acciones) y no todo tipo de sociedades mercantiles y mucho menos a sociedades civiles, por lo que evidentemente la Ley Agraria en este aspecto es inconstitucional.[27]

Es necesario recalcar que para que la aportación que realice el núcleo de población de las tierras de uso común agrícolas, ganaderas o forestales a sociedades mercantiles o civiles, sea válida éstas deben tener una serie especial de acciones o partes sociales identificadas con la letra T, la que será equivalente al capital aportado mediante dichas tierras, las cuales no gozarán de derechos diferentes sobre la tierra o derechos corporativos distintos a las demás acciones o partes sociales, aunque al liquidarse la sociedad sólo los titulares de dichas acciones o partes sociales tienen derecho a recibir dichas tierras en pago de las mismas (arts. 126-III y 127).

El artículo 27-VII constitucional faculta a los ejidos y ejidatarios asociarse con terceros y a otorgar el uso de sus tierras. A su vez el artículo 75 de la normativa agraria establece que en los casos de manifiesta utilidad para el núcleo de población ejidal éste podrá transmitir el dominio de tierras de uso común a sociedades mercantiles o civiles formando parte de ellas.[28]

---

27 "Mientras que el art. 27, fracción IV, constitucional, sólo a las sociedades mercantiles por acciones serie "T", les autorizó a adquirir este tipo de tierras, la Ley Agraria amplia este derecho y lo concede, también a las sociedades civiles con partes sociales serie "T" (arts. 125 a 133 LA y 75 LA) ampliación ésta que es de dudosa constitucionalidad. Aguilasocho Rubio, Ricardo, *Guía de enajenaciones agrarias*, *op. cit.* p. LIII.

28 Los requisitos para dicho efecto en los términos del artículo 75 son los siguientes: 1. La resolución de la asamblea de ejidatarios que acuerde aportar las tierras y la manera de la distribución de las acciones en el ejido o para cada uno de los ejidatarios; 2. Someter a la opinión de la Procuraduría Agraria los proyectos tanto del desarrollo e inversión proyectado, como de la escritura constitutiva de la sociedad en un término no mayor a 30 días hábiles; 3. El valor de la suscripción de acciones deberá ser cuando menos al que se determine en el avalúo practicado por el Instituto de Administración y Avalúos de Bienes Nacionales o cualquier institución de crédito; 4. El ejido o los ejidatarios tiene derecho a designar un comisario; 5. En el contrato social se debe establecer una serie especial de acciones tipo T que será el equivalente al capital aportado en

El procedimiento para la aportación de tierras de uso común a sociedades mercantiles es el siguiente:

1. Ser de manifiesta utilidad para el ejido;
2. Se debe elaborar los objetivos del negocio de la sociedad así como la participación que obtendrá ya sea el ejido o los ejidatarios;
3. Se tiene que celebrar una asamblea ordinaria para aprobar que las tierras de uso común serán aportadas a una sociedad;
4. Se debe de presentar a la Procuraduría Agraria la solicitud del oficio de la opinión favorable anexando al respecto la información de la empresa inversionista; el avalúo realizado ya sea por el INDAABIN o una institución de crédito, el permiso o la autorización del municipio para la viabilidad del proyecto; la constancia de inscripción en el Registro Agrario Nacional; el plano interno de las tierras de uso común del ejido inscrito en el Registro Agrario Nacional. Igualmente se debe agregar el acta de asamblea de autorización al comisariado ejidal para solicitar a la Procuraduría Agraria la opinión favorable y para realizar todos los trámites necesarios para dicha aportación, igualmente se debe anexar el proyecto del desarrollo y el proyecto del acta constitutiva o en su caso el documento que acredite que dicha sociedad ya se encuentra constituida acreditando al respecto los poderes de los representantes legales;

---

tierras; 6. En caso de liquidación de la sociedad, el ejido o los ejidatarios tendrán derecho preferente para recibir tierras en pago de sus acciones y para la adquisición de aquellas tierras que aportaron a la sociedad; 7. Si el objeto de la sociedad es diferente a la producción transformación o comercialización de productos agrícolas, ganaderos o forestales, no tiene las limitaciones establecidas en los artículos del 125 al 133 de la Ley Agraria referente a las sociedades propietarias de tierras agrícolas, ganaderas o forestales de conformidad con lo prescrito en el artículo 125 de la Ley Agraria.

5. Una vez obtenido el oficio de opinión favorable emitido por la Procuraduría Agraria se deben satisfacer los siguientes requisitos:
   a) Obtener la denominación por parte de la Secretaría de Economía;
   b) Celebrar una asamblea de formalidades especiales de aprobación de la aportación de las tierras de uso común a la sociedad;[29]
   c) Constituir la sociedad ante notario público;
   d) Inscribir la citada asamblea ante el Registro Agrario Nacional conjuntamente con la escritura constitutiva de la sociedad o bien con el acta de aportación de tierras;
   e) Gestionar ante el Registro Agrario Nacional que califique de legal la desincorporación de las tierras de uso común del ejido para su aportación a la sociedad mercantil;
   f) La dirección general de registro y control documental expide el acuerdo respectivo girando un oficio al Registro Público de la Propiedad y de Comercio, adjuntando copia del plano y el Registro Agrario Nacional procede a dar de baja dichas tierras del folio matriz.

Esta reforma buscaba atraer una mayor inversión privada al campo y obtener mayores recursos, tanto para el ejido como para los ejidatarios.

Debe aclararse que a partir del momento de la aportación de las tierras dejan de ser ejidales.

El ejidatario puede aportar su derecho de usufructo sobre su parcela a la formación de sociedades tanto mercantiles como civiles, sin embargo, éstas no adquieren la calidad de ejidatarios, únicamente el derecho a usarla y explotarla, conservando el ejidatario de la titularidad de la misma y su carácter de ejidatario (art. 79).

---

29 Ver capítulo II apartado 2.

III. POR LOS EJIDATARIOS

Desde el punto de vista patrimonial el ejidatario tiene los siguientes derechos: a) el aprovechamiento de las tierras de uso común (es un derecho de uso y disfrute arts. 73 y 74 Ley Agraria); b) una parcela de uso exclusivo (este derecho puede ser de propiedad o únicamente de usufructuario (arts. 76, 81, 82, Ley Agraria) y c) un solar en la zona de urbanización (es un derecho de propiedad art. 68, Ley Agraria).

Es importante recalcar que con la reforma a la fracción VII del artículo 27 constitucional antes transcrita y con la nueva Ley Agraria de 1992 hoy en día es jurídicamente válido que los terrenos ejidales sean objeto de propiedad privada. Atinadamente señala Ricardo Aguilasocho Rubio que dicha reforma "... posibilita la privatización del ejido y de la comunidad, más no la impone..." [30] Esto significa que cada ejido libremente puede optar por continuar el régimen ejidal para todos los terrenos que lo integran, igualmente puede adoptar el dominio pleno o sea la propiedad privada de las parcelas a cada uno de los ejidatarios, manteniendo las tierras de uso común —al amparo de la Ley Agraria bajo el régimen ejidal—, o en su caso pueden los ejidatarios aportar estas tierras de uso común a sociedades civiles o mercantiles.

1. Cesión y transmisión de derechos parcelarios[31]

Requisitos legales:

a) No pueden ceder los derechos sobre sus parcelas ya sea a título oneroso o gratuito a un tercero ajeno al núcleo de población. El adquirente debe ser ejidatario, posesionario o avecindado del mismo poblado.

---

30 Aguilasocho Rubio, Ricardo, *Guía* , *op. cit.* p. LI.

31 Un análisis muy claro acerca de las enajenaciones de derechos parcelarios es de Aguilar Molina Víctor Rafael, "La enajenación de derechos parcelarios conforme al nuevo artículo 80 de la Ley Agraria", *Revista Mexicana de Derecho, Colegio de Notarios del Distrito Federal,* número 10, Año 2008, p. 105-132.

b) Deben respetar el derecho del tanto que la ley otorga al cónyuge, concubina o concubinario e hijos mayores de edad del enajenante (treinta días naturales) cuando la transmisión se realiza a título oneroso.

c) Deben cumplir con la forma establecida: un escrito ante dos testigos, ratificado ante fedatario público e inscrito en el Registro Agrario Nacional y un aviso por escrito al comisariado ejidal de la enajenación realizada.

d) Inscribir en el Registro Agrario Nacional la cesión de derechos.

e) No pueden ceder fracciones de una parcela, ya que esta es indivisible (arts. 78 y 80).

Por su parte el adquirente no puede ser cualquier persona, ya que se requiere que sea ejidatario, posesionario o avecindado del mismo poblado por ende tiene que ser una persona física mexicana (art. 80 Ley Agraria), como excepción los estados y municipios pueden adquirir terrenos ejidales urbanos para servicios públicos o para el crecimiento del centro de población. (arts. 64 y 89, Ley Agraria).

Esta es una de tantas particularidades que existen en el derecho agrario y no así en el derecho civil, en cuyo caso el enajenante puede transmitir la propiedad libremente a cualquier persona, inclusive a menores de edad y a extranjeros.

Otro requisito muy peculiar tratándose de la transmisión de derechos parcelarios es el derecho del tanto que la ley otorga al cónyuge o en su caso a la concubina o concubinario e hijos mayores de edad del enajenante, quien debe notificarles por escrito con una anticipación de 30 días naturales las condiciones de la transmisión onerosa de lo contrario la enajenación puede ser anulada o en su caso tienen que renunciar a dicho derecho del tanto ante dos testigos e inscribir dicha renuncia en el Registro Agrario Nacional (art. 80, Ley Agraria).

El derecho del tanto solo opera cuando la transmisión se realiza a título oneroso.

Las formalidades que exige la legislación agraria para que estos contratos sean válidos se traducen en un escrito ante 2 testigos, ratificado ante fedatario público e inscrito en el Registro Agrario Nacional —para que surta efectos contra terceros— y por último que se dé aviso por escrito al Comisariado Ejidal de la citada enajenación para que realice la inscripción en el libro respectivo (art. 80, Ley Agraria).

2. *Enajenaciones de parcelas con dominio pleno*

Requisitos legales:

En caso de la primera enajenación de parcelas sobre las que se hubiere adoptado el dominio pleno el ejidatario puede enajenar su parcela a título oneroso, pero debe respetar el derecho de preferencia que la ley les otorga a las siguientes personas: a) a los familiares del enajenante, b) a las personas que hayan trabajado dichas parcelas por más de un año, c) los ejidatarios, d) los avecindados y e) el núcleo de población (art. 84).

Esta limitación no tiene una justificación razonable, obstaculizando la libre circulación de los inmuebles y restringiendo la libertad del ejidatario.

Este derecho de preferencia tiene una vigencia de treinta días naturales contados a partir de la notificación que se le haga al Comisariado Ejidal mediante dos testigos o fedatario público; y surtirá los efectos de notificación personal a quienes gocen del derecho del tanto. El comisariado debe publicar de inmediato en los lugares más visibles del ejido una relación de los bienes o derechos que se pretenden enajenar.

Si varios ejercitan dicho derecho con posturas iguales, el Comisariado Ejidal ante la presencia de un fedatario público realizará un sorteo para determinar a quién se le debe transmitir. La ley contempla que si no se realiza la notificación, la venta puede ser anulada (arts. 80, 84 y 85).

Si se pretende enajenar a favor de personas ajenas al ejido, se debe respetar el derecho preferente de los gobiernos municipales o estatales, si los terrenos ejidales se encuentran ubicados en las áreas declaradas como reservas para el crecimiento de un centro de población de conformidad con los planes de desarrollo urbano municipal (art. 89).

Otra limitación consiste en que la primera enajenación a personas ajenas al núcleo de población, de parcelas sobre las que se hubiera adoptado el dominio pleno debe hacerse cuando menos al valor que establezca la Comisión de Avalúos de Bienes Nacionales (hoy Instituto de Administración y Avalúos de Bienes Nacionales) o cualquier institución de crédito (art. 86).

El problema en la práctica es que existen muy pocas instituciones de crédito en el país que realicen avalúos de bienes ejidales y por ello el tráfico inmobiliario no fluye con la debida rapidez y adicionalmente se restringe el derecho del ejidatario de vender en los términos que estime más convenientes, aunque pudiera ser en un precio menor, por la urgencia o necesidad del mismo.

Adicionalmente existen dos restricciones importantes que rigen en esta materia y son las siguientes:

1) La prohibición de enajenar fracciones de una parcela, ya que ésta es indivisible.

2) El adquirente no puede tener una superficie mayor a la pequeña propiedad, ni más del 5% de la extensión total del núcleo de población (arts. 27 frac. VII constitucional y 47, Ley Agraria). En este último supuesto la transmisión no es nula, pero el ejidatario está obligado a vender la superficie excedente en un plazo de un año a partir del momento en que la Secretaría de Desarrollo Agrario Territorial y Urbano se lo ordene y en caso de no hacerlo, la misma secretaria fraccionará y enajenará los derechos al mejor postor de entre los miembros del ejido, teniendo la cónyuge, concubina e hijos, un derecho preferente para adquirirlos; ésta es una excepción al principio de la indivisibilidad de la

parcela (arts. 12, 15, 13, 35-38, Reglamento de la Ley Agraria en Materia de Ordenamiento de la Propiedad Rural).

La razón de esta prohibición es evitar los latifundios y que un ejidatario tenga muchas más tierras que los demás y pueda asumir el control total del ejido. Igualmente se explica porque es una manera de fomentar la libre circulación de parcelas evitando la concentración de las mismas y los latifundios disfrazados.

Constitucionalmente se considera propiedad privada agrícola la que no excede por individuo de 100 hectáreas de riego o humedad de primera o sus equivalentes en otras clases de tierras (art. 27-XV, constitucional). En consecuencia, ningún ejidatario puede ser propietario de una mayor extensión de tierra, del límite establecido en nuestra Ley Suprema.

Sería discriminatorio que un ejidatario si pudiera tener una mayor extensión de tierras que un pequeño propietario. La restricción es plenamente justificada.

De conformidad con el artículo 27-XV constitucional dichos límites se pueden visualizar de la siguiente forma:

Tipología	Superficie/ha
Agrícola	100 de riego 200 de temporal 150 si se cultiva algodón y se riega 300 para cultivo de plátano, caña de azúcar, café, henequén, hule, palma, vid, olivo, quina, vainilla, cacao, agave, nopal o árboles frutales
Ganadera	La superficie necesaria para mantener hasta 500 cabezas de ganado mayor o su equivalente en ganado menor. El coeficiente de agostadero lo determina la Comisión Técnica de Evaluación de Coeficientes de Agostadero, órgano técnico de la SAGARPA.

Tipología	Superficie/ha
Forestal	800 hectáreas de bosque o selva El dictamen de bosque o selva es competencia de la SEMARNAT.[32]

En el supuesto caso de que un ejidatario fuera titular de una superficie que excediera de los límites permitidos, la hoy Secretaría del Desarrollo Agrario, Territorial y Urbano previa audiencia del ejidatario, resolverá si procede, ordenar la enajenación de la superficie excedente dentro de un plazo de un año y de no hacerlo, la propia Secretaría realizará el fraccionamiento y la enajenación del excedente al mejor postor y respetando los derechos de preferencia (art. 47). Esta disposición está acorde con el espíritu del texto constitucional de impedir la concentración y acaparamiento de una mayor cantidad de tierras. En el mismo sentido la fracción IV del artículo 27 constitucional y artículos 124 y 126 de la Ley Agraria.

La regla es muy sencilla: ni los ejidatarios, ni las personas físicas o morales pueden ser propietarios de una mayor extensión de tierras establecidas en nuestra Constitución.

La enajenación de las parcelas sobre las que se hubiere adoptado el dominio pleno se debe formalizar ante Notario Público e inscribirse en el Registro Público de la Propiedad correspondiente, ya que dichas tierras dejaron de ser ejidales y quedan sujetas a las disposiciones del derecho civil (arts. 82, Ley Agraria, 2316, 2317 y 2320 Código Civil Federal). Evidentemente estas disposiciones generan una gran seguridad jurídica para el adquirente, lo cual constituye un requisito indispensable para el tráfico inmobiliario.

---

[32] Méndez de Lara, Maribel Concepción, *El ejido y la comunidad en el México del siglo XXI. La transición agraria 1992-2015*, *op. cit.* p. 28.

3. *Enajenaciones de solares urbanos*

Todo ejidatario tiene derecho a recibir gratuitamente un solar al constituirse la zona de urbanización. La extensión del mismo se determinará de manera equitativa por la asamblea con la participación del municipio correspondiente y con la presencia de un representante de la Procuraduría Agraria y de acuerdo con los solares que resulte del plano aprobado por la misma asamblea e inscrito en el Registro Agrario Nacional.

El acta de la asamblea que acordó la asignación de solares se inscribe en el Registro Agrario Nacional, quien expide los certificados o títulos que acreditan la propiedad plena a favor del ejidatario y a partir de ese momento dejan de ser ejidales. El título de propiedad citado se debe inscribir en el Registro Público de la Propiedad de la entidad correspondiente.

Los actos jurídicos subsecuentes quedan sujetos al derecho civil y no al agrario, en consecuencia, el ejidatario puede venderlo hipotecarlo, donarlo, arrendarlo libremente, etc. (arts. 68, 69 y 152-II Ley Agraria; 2-III 56 y 57 del Reglamento Interior del Registro Agrario Nacional).

La propiedad de los solares se acredita con los certificados que expida el Registro Agrario Nacional (arts. 68 y 69, Ley Agraria) y los actos jurídicos que celebren se encuentran regidos por derecho común, en consecuencia, los principios de indivisibilidad, derecho del tanto no se aplican.

4. *Transmisión de derechos sobre tierras de uso común*

El artículo 60 de la Ley Agraria faculta al ejidatario a ceder los derechos sobre tierras de uso común.

Se acredita el derecho sobre las tierras de uso común con el certificado de derechos comunes que expide el Registro Agrario Nacional, de conformidad con los acuerdos tomados por la asamblea (arts. 56-III, 16-II, 52-II, de Ley Agraria; arts. 89, 90. 92 y 94 del Reglamento Interior del Registro Agrario Nacional).

La cesión de derechos sobre tierras de uso común debe inscribirse en el Registro Agrario Nacional y no conlleva la transmisión de la calidad de ejidatario (arts. 4, 53-b, 54 y 94 del Reglamento Interior del Registro Agrario Nacional.), ya que el adquirente que no tuviera la calidad de ejidatario, únicamente adquirirá la calidad de posesionario.

IV. CRITERIOS JURISPRUDENCIALES

> TIERRAS EJIDALES. SI A LOS EJIDATARIOS NO SE LES HA OTORGADO EL DOMINIO PLENO SOBRE ELLAS, CONFORME A LOS ARTÍCULOS 27, FRACCIÓN VII, DE LA CONSTITUCIÓN POLÍTICA DE LOS ESTADOS UNIDOS MEXICANOS Y 81 DE LA LEY AGRARIA, NO PUEDEN CEDER SUS DERECHOS RELATIVOS A UN TERCERO AJENO AL NÚCLEO DE POBLACIÓN, AUN A TITULO GRATUITO.— Tanto el contrato de cesión de derechos, a título oneroso o gratuito, como la compraventa constituyen formas de enajenación, pues implican la transmisión de un bien o derecho mediante un acto jurídico de distinta naturaleza; consecuentemente, al implicar dicha enajenación un acto de dominio, en materia agraria sólo pueden efectuarla los ejidatarios respecto de las tierras parceladas que se les hubieran asignado, a favor de los miembros o avecinados de este núcleo ejidal; y a los terceros ajenos a ellos, por las tierras respecto de las cuales la asamblea les haya otorgado expresamente el dominio pleno, conforme a la fracción VII del artículo 27 de la Constitución Política de los Estados Unidos Mexicanos, en concordancia con el artículo 81 de la Ley Agraria. Por tanto si esto último no ha ocurrido, la cesión de derechos, aun cuando sea a título gratuito, causa un perjuicio al núcleo de población, pues independientemente de que omite respetar los derechos de preferencia y exclusividad de transmisión de derechos parcelarios entre sus miembros, se realiza sobre bienes respecto de los cuales el ejido continúa siendo propietario, en términos del artículo 9° de la Ley Agraria... SJF, 9ª Época, tomo XXVII, abril 2008, pág. 732.

> COMISARIADO EJIDAL. ESTÁ LEGITIMADO PARA DEMANDAR, EN REPRESENTACIÓN DEL EJIDO, LA NULIDAD DE UN CONTRATO DE CESION DE DERECHOS A TITULO GRATUITO, CELEBRADO ENTRE UN EJIDA-

TARIO Y UN TERCERO AJENO AL NÚCLEO DE POBLACIÓN, RESPECTO DE PARCELAS EJIDALES DE LAS QUE EL ENAJENANTE TODAVÍA NO ADQUIERE EL DOMINIO PLENO... 2ª./J. 5/2004.— Contradicción de tesis 113/2003-SS. Entre las sustentadas por los Tribunales Colegiados. Quinto, Tercero y Segundo, todos del Décimo Séptimo Circuito. 16 de enero de 2004...

DERECHOS PARCELARIOS. EL DERECHO DEL TANTO SOLO OPERA CUANDO SU TRANSMISIÓN SE REALIZA A TITULO ONEROSO... Tesis de jurisprudencia 78/2000. Aprobada por la Segunda Sala de este Alto Tribunal, en sesión privada del dieciocho de agosto del año dos mil.— Segunda Sala. Semanario Judicial de la Federación y su Gaceta. Novena Época, Tomo XII, Septiembre de 2000. Pág.72.

DERECHO DEL TANTO EN MATERIA AGRARIA. LOS MENORES DE EDAD NO TIENEN CAPACIDAD LEGAL PARA EJERCERLO. Registro digital: 180904. Instancia: Tribunales Colegiados de Circuito. Tesis: llI.3o.A.35 A.— Novena Época. Fuente: Semanario Judicial de la Federación y su Gaceta. Tomo XX, Agosto de 2004, página 1590.— Materia(s): Administrativa. Tipo: Aislada.—.

DERECHO DEL TANTO EN MATERIA AGRARIA. NO ES EXIGIBLE CUANDO LA ENAJENACIÓN O CESIÓN DE DERECHOS PARCELARIOS SE REALIZA AL CÓNYUGE, CONCUBINA O CONCUBINARIO, O BIEN, A ALGUNO DE LOS HIJOS DEL EJIDATARIO TITULAR. Registro digital: 2010509.— Instancia: Segunda Sala. Tesis: 2a./J. 150/2015 (10a.). Décima Época. Fuente: Gaceta del Semanario Judicial de la Federación. Libro 24, Noviembre de 2015, Tomo II, página 1068.— Materia(s): Administrativa. Tipo: Jurisprudencia.

CESIÓN DE DERECHOS PARCELARIOS Y DE TIERRAS EJIDALES DE USO COMÚN. ES NULA CUANDO COMPRENDE LA TOTALIDAD DE LOS BIENES DE LA PERSONA CEDENTE (APLICACIÓN SUPLETORIA DEL CÓDIGO CIVIL FEDERAL)...Registro digital: 2028932.— Instancia: Tribunales Colegiados de Circuito.— Tesis: XV11.1o.P.A.32 A (11a.). Undécima Época. Fuente: Semanario Judicial de la Federación.— Materia(s): Administrativa. Tipo: Aislada...

PARCELA EJIDAL. ES INDIVISIBLE BAJO EL RÉGIMEN AGRARIO EN VIGOR... 2ª./J.46/2001. Contradicción de tesis 57/2001-SS. Entre las sustentadas por el Primer y Segundo

Tribunales Colegiados en Materia Administrativa y de Trabajo del Séptimo Circuito. 5 de octubre de 2001. Tesis de jurisprudencia 45/2001. Aprobada por la Segunda Sala de este Alto Tribunal, en sesión privada de cinco de octubre de 2001."—(SJF, Novena Época, tomo XV, octubre 2001, pág. 400).

ASAMBLEA DE EJIDATARIOS. LA ASIGNACIÓN DE PARCELAS EJIDALES QUE REALICE EN CONTRAVENCIÓN AL PRINCIPIO DE INDIVISIBILIDAD NO ACTUALIZA UNA NULIDAD DE PLENO DERECHO Y, POR TANTO, EL PLAZO PARA SU IMPUGNACIÓN ES EL PREVISTO EN EL ARTÍCULO 61 DE LA LEY AGRARIA... Contradicción de tesis 79/2008-SS. Entre las sustentadas por el entonces Cuarto Tribunal Colegiado del Décimo Sexto Circuito (actualmente Segundo Tribunal Colegiado en Materias Civil y de Trabajo del mismo circuito) y el Cuarto Tribunal Colegiado del Décimo Primer Circuito. 13 de agosto de 2008. Tesis de jurisprudencia 119/2008. Aprobada por la Segunda Sala de este Alto Tribunal, en sesión privada del diez de septiembre de dos mil ocho...

PARCELAS EJIDALES. NO SE VIOLA EL PRINCIPIO DE SU INDIVISIBILIDAD SI EL EJIDATARIO, TITULAR DE DERECHOS RESPECTO DE VARIAS DE ELLAS, TRANSMITE LOS RELATIVO UNA... Registro: 165499, Época: Novena. Instancia: Segunda Sala. Tipo de Tesis: Jurisprudencia...

PRESCRIPCIÓN DE LA ACCIÓN DE NULIDAD POR VIOLACIÓN AL DERECHO DEL TANTO EN MATERIA AGRARIA. EL PLAZO PARA QUE OPERE DEBE COMPUTARSE A PARTIR DE LA NOTIFICACIÓN DE LA COMPRAVENTA DE LA PARCELA... Por otra parte, en términos del artículo 1159 del Código Civil Federal, de aplicación supletoria a la Ley Agraria, el plazo prescriptivo para hacer valer la nulidad por violación al derecho del tanto, es de 10 años contados desde que la obligación pudo exigirse; en consecuencia, el término que habrá de transcurrir para que opere la prescripción debe computarse a partir de la notificación de la existencia de la compraventa de la parcela, que es el momento en que el derecho del tanto se hizo exigible y no antes... Registro: 2011704, Época: Décima Época. Instancia: Plenos de Circuito.— Tipo de Tesis: Jurisprudencia.

DERECHO DEL TANTO PREVISTO EN EL ARTÍCULO 84 DE LA LEY AGRARIA. DENTRO DEL CONCEPTO "FAMILIARES" A QUE ALUDE DICHO NUMERAL, QUE-

DAN COMPRENDIDOS TODOS LOS QUE TENIENDO ALGUNA RELACIÓN DE PARENTESCO, MATRIMONIO O CONCUBINATO CON EL ENAJENANTE, SIN LIMITACIÓN POR RAZÓN DE LÍNEA O GRADO, GUARDAN UNA RELACION DIRECTA CON LAS ACTIVIDADES PROPIAS DEL NÚCLEO DE POBLACIÓN... De tal manera, que bajo el concepto "familiares" antes dicho, debe entenderse a todas aquellas personas que además de tener alguna relación de parentesco, matrimonio o concubinato estén vinculadas con la vida en comunidad dentro del ejido, que los haga ser preferentes respecto de otras que hayan trabajado las tierras por más de un año de los ejidatarios o avecindados y del propio núcleo agrario... Registro: 161651. Época: Novena Época. Instancia: Tribunales Colegiados de Circuito.—

Tipo de Tesis: Aislada...

ENAJENACION DE PARCELAS. LEGITIMACIÓN PARA EJERCER LA ACCIÓN DE NULIDAD POR VIOLACIÓN AL DERECHO DEL TANTO... De ahí que para legitimar el ejercicio de acción de nulidad por quebranto a esa prerrogativa preferencial, basta con que el interesado acredite la calidad con la que comparece a ejercitar el correspondiente derecho y lo haga dentro del plazo legal, sin que sea necesario acreditar que tiene el interés de adquirir el bien enajenado, porque no lo exige la citada ley... Registro: 2002526. Época: Décima Época. Instancia: Segunda Sala.— Tipo de Tesis: Jurisprudencia...

TODA CONTROVERSIA SOBRE SOLARES URBANOS CON TÍTULO DE PROPIEDAD, ES COMPETENCIA DEL FUERO COMÚN, según contradicción de tesis 89/2994-SS, tesis jurisprudenciales 126/2004 y 127/2004...

SOLARES URBANOS. EL TITULO DE PROPIEDAD A QUE SE REFIERE EL ARTÍCULO 69 DE LA LEY AGRARIA DETERMINA SI EL PROMOVENTE DEL JUICIO DE AMPARO QUE RECLAMA UNA RESOLUCIÓN VINCULADA CON AQUELLOS, ES SUJETO DE DERECHO COMÚN O DE DERECHO AGRARIO...

se concluye que la existencia del título de propiedad a que se refiere el indicado artículo 69 determina si el promovente del juicio de garantías que impugna una resolución vinculada con solares urbanos es sujeto de derecho común o de derecho agrario, de manera que si cuenta con el título de propiedad será competencia de los tribunales del orden común el conocimiento de los conflictos suscitados por su tenencia, y sí carece de él, la competencia se surtirá a favor de los tribunales agrarios, ya que los solares no han sido segregados del ejido...Tesis de jurisprudencia 126/2004. Aprobada por la Segunda Sala de este Alto Tribunal, en sesión privada del diez de septiembre de dos mil cuatro...

SOLARES URBANOS PARA DETERMINAR LA OPORTUNIDAD DE LA PRESENTACIÓN DE UNA DEMANDA DE AMPARO CONTRA UNA RESOLUCIÓN VINCULADA CON ELLOS, EL JUZGADOR DEBERÁ VERIFICAR SI SE CUENTA CON EL TITULO A QUE SE REFIERE EL ARTÍCULO 69 DE LA LEY AGRARIA...Así, para determinar si la promoción de la demanda del juicio de garantías en la que se señalan como actos reclamados resoluciones vinculadas con solares urbanos fue presentada oportunamente, el juzgador deberá atender a si el poseedor del solar tiene el título a que alude el artículo 69 de la Ley Agraria, en cuyo caso deberá presentarla dentro del plazo de quince días establecido en el artículo 21 de la Ley de Amparo, pero si el poseedor no cuenta con dicho título, y además es ejidatario, comunero o aspirante a alguna de esas calidades, el escrito de demanda podrá presentarse dentro del plazo de treinta días previsto en el artículo 218 de la ley de la materia...Tesis de jurisprudencia 127/2004. Aprobada por la Segunda Sala de este Alto Tribunal, en sesión privada del diez de septiembre de dos mil cuatro...

Capítulo quinto

RÉGIMEN FISCAL DE LAS ADQUISICIONES Y ENAJENACIONES DE INMUEBLES EJIDALES

I. DE LAS ADQUISICIONES DE INMUEBLES POR EL EJIDO

En el supuesto de que el ejido adquiera un inmueble se generan los siguientes impuestos:

a) Impuestos locales.

La adquisición de un inmueble por parte de un ejido causa el Impuesto sobre adquisición de inmuebles (traslado de dominio) salvo que el Código Fiscal o la ley de hacienda municipal establezca la exención, aunque esto último sería inconstitucional de conformidad con el artículo 115-IV-c constitucional.[33]

b) Impuestos federales.

b.1) Impuesto al Valor Agregado (IVA).

---

33 "Artículo 115 [...] IV. Los municipios administrarán libremente su hacienda [...] a) Percibirán las contribuciones, incluyendo tasas adicionales, que establezcan los Estados sobre la propiedad inmobiliaria, de su fraccionamiento, división, consolidación, traslación y mejora así como las que tengan por base el cambio de valor de los inmuebles [...] Las leyes federales no limitarán la facultad de los Estados para establecer las contribuciones a que se refieren los incisos a) y c), ni concederán exenciones en relación con las mismas. Las leyes estatales no establecerán exenciones o subsidios a favor de persona o institución alguna respecto de dichas contribuciones. Sólo estarán exentos los bienes de dominio público de la Federación, de las entidades federativas o los Municipios, salvo que tales bienes sean utilizados por entidades paraestatales o por particulares, bajo cualquier título, para fines administrativos o propósitos distintos a los de su objeto público [...]"

Si el predio que adquiere el ejido es a título oneroso y no es suelo o construcciones destinadas a casa habitación, causa el impuesto al valor agregado a la tasa del 16% sobre el precio pactado sobre las construcciones no destinadas a casa habitación y dependiendo de si el enajenante es o no un contribuyente habitual del IVA, tendremos o no los notarios la obligación de enterar dicho impuesto (arts. 1, 8, 9 y 33, Ley del Impuesto al Valor Agregado y 78 del reglamento).

II. DE LAS ENAJENACIONES DE INMUEBLES POR EL EJIDO

a) Impuesto Sobre la Renta

Si el ejido vende un predio, el precio obtenido causa el Impuesto Sobre la Renta, sin embargo, al no tratarse de una persona física o una persona moral con fines no lucrativos, (art. 79, Ley del Impuesto Sobre la Renta) los notarios estamos liberados de calcular y enterar dicho impuesto. Es obligación del ejido de calcularlo y cubrirlo en los términos del artículo 9 de la ley, ya que se trata de una persona moral.

b) Impuesto al Valor Agregado

Cuando el ejido vende un inmueble, si es que no se encuentra exento del IVA tenemos los notarios la obligación de calcularlo y enterarlo, salvo que sea el ejido un contribuyente habitual de dicho impuesto, en cuyo caso será él quien tenga la obligación de trasladarlo al adquirente y enterarlo (arts. 33, Ley de IVA y 78 del reglamento de la misma).[34]

---

[34] "Artículo 33. Tratándose de enajenación de inmuebles por la que se deba pagar el impuesto en los términos de esta Ley, consignada en escritura pública, los notarios, corredores, jueces y demás fedatarios que por disposición legal tengan funciones notariales, calcularán el impuesto bajo su responsabilidad y lo enterarán dentro de los quince días siguientes a

III. DE LAS CESIONES DE DERECHOS PARCELARIOS SI LOS EJIDATARIOS CARECEN DE DOMINIO PLENO[35]

En los términos del artículo 93-XXVIII de la Ley del Impuesto Sobre la Renta se encuentra exento el ingreso percibido por la enajenación de derechos parcelarios.

> Artículo 93-XXVIII [...] Los que deriven de la enajenación de derechos parcelarios, de las parcelas sobre las que hubiera adoptado el dominio pleno o de los derechos comuneros, siempre y cuando sea la primera trasmisión que se efectúe por los ejidatarios o comuneros y la misma se realice en los términos de la legislación de la materia [...] el enajenante deberá acreditar que es titular de dichos derechos parcelarios o comuneros, así como su calidad de ejidatario [...] mediante los certificados

---

la fecha en que se firme la escritura, en la oficina autorizada que corresponda a su domicilio. Lo dispuesto en este párrafo no es aplicable en el caso a que se refiere el artículo 1-A, fracción I de esta Ley."
Por su parte el artículo 78 del reglamento establece lo siguiente:
"Para los efectos del artículo 33, segundo párrafo de la Ley, las personas a que se refiere dicho párrafo, quedan relevados de la obligación de efectuar el cálculo y entero del impuesto a que se refiere el citado artículo cuando la enajenación de inmuebles se realice por contribuyentes que deban presentar declaraciones mensuales de este impuesto y exhiban copia sellada de las últimas tres declaraciones de pago mensual. Tratándose de contribuyentes que hayan iniciado actividades en un plazo menor a tres meses anteriores a la fecha en que se expida por el fedatario público el documento que ampara la operación por la que deba pagarse el impuesto, deberán presentar copia sellada de la última declaración de pago mensual o copia del aviso de inscripción al Registro Federal de Contribuyentes, según corresponda.
Cuando los contribuyentes presenten las declaraciones o el aviso a que se refiere este artículo en documentos digitales, deberán exhibir copia del acuse de recibo con sello digital.
No se consideran enajenaciones de bienes efectuadas en forma accidental, aquéllas que realicen los contribuyentes obligados a presentar declaraciones mensuales del impuesto."

35 "Acto por el cual un ejidatario o posesionario en un ejido, comunero en una comunidad que transmite gratuita u onerosamente los derechos de aprovechamiento, uso y usufructo de sus parcelas a un ejidatario, avecindado." Actos jurídicos-agrarios con la participación de las y los Notarios Públicos conforme a la Ley Agraria. Protocolo orientador; *op. cit.* p. 42.

> o los títulos correspondientes a que se refiere la Ley Agraria.— En caso de no acreditar la calidad de ejidatario [...] o que no se trate de la primera transmisión [...] el fedatario público calculará y enterará el impuesto en los términos de este Título.

IV. ENAJENACIONES DE PARCELAS CON DOMINIO PLENO[36]

1. *Impuesto Sobre la Renta*

En los términos del artículo 93-XXVIII de la Ley del Impuesto Sobre la Renta dichas enajenaciones se encuentran exentas siempre y cuando se cumplan los siguientes requisitos:

1) Que sea la primera enajenación que se efectué por los ejidatarios y se realice en los términos de la legislación agraria (arts. 82, 84, 86 y 89, Ley Agraria).
2) Que se realice a personas ajenas al núcleo de población y por lo menos al precio de referencia que establezca el Instituto de Administración y Avalúos de Bienes Nacionales INDABIN o cualquier institución de crédito y se respete el derecho del tanto.
3) Debe formalizarse ante fedatario público.
4) El enajenante debe acreditar que es titular de dichos derechos parcelarios.
5) Que acredite su calidad de ejidatario mediante los certificados o los títulos correspondientes a que se refiere la Ley Agraria. Si no acredita dichos requisitos se debe

---

[36] "La primera enajenación de parcela es el acto de transmisión de propiedad civil, a título o gratuito, que realiza voluntariamente el dueño de una parcela con Título de Propiedad por Dominio Pleno, expedido por el Registro Agrario Nacional o por adjudicación hereditaria o remate judicial. El mencionado acto constará en Escritura Pública y deberá cumplir las formalidades previstas en la Ley Agraria." Actos jurídicos-agrarios con la participación de las y los Notarios Públicos conforme a la Ley Agraria. Protocolo Orientador; *op. cit.* p. 51.

calcular y enterar el impuesto sobre la renta, lo que es ratificado por el artículo 86 de la Ley Agraria.

En este supuesto el costo de adquisición es cero y la fecha de adquisición es la fecha de expedición del título de propiedad.

No obstante, lo anterior podrá deducir las inversiones en mejoras realizadas al inmueble, al igual las comisiones pagadas. De carecer de ellas, lo único que puede deducir es el 10% del precio pactado (art. 121-I de la Ley del Impuesto Sobre la Renta).

Una excepción es cuando el heredero adquiere una parcela por herencia en la que el de cujus hubiera asumido el dominio pleno en cuyo caso el costo de adquisición es el valor del avalúo referido a la fecha de expedición del título de propiedad y como fecha de adquisición la de expedición del título de propiedad por parte del Registro Agrario Nacional (art. 211 del Reglamento de la Ley del Impuesto Sobre la Renta).

> Artículo 211. Para efectos del artículo 124, párrafo penúltimo de la Ley, en el caso de inmuebles que hubieren sido adquiridos por herencia, legado o donación, sobre los que un ejidatario hubiere asumido el dominio pleno en términos del artículo 82 de la Ley Agraria, se podrá considerar lo siguiente:
>
> I. Como costo de adquisición de dicho inmueble, el valor de avalúo realizado por las personas a que se refiere el artículo 3 del Reglamento del Código Fiscal de la Federación, referido a la fecha de expedición del título de propiedad por parte del Registro Agrario Nacional; y
>
> II. Como fecha de adquisición del inmueble, la fecha de expedición del título de propiedad por parte del Registro Agrario Nacional.

2. *Impuesto al Valor Agregado*

En lo referente al Impuesto al Valor Agregado se genera sobre el precio de las construcciones no destinadas a casa habitación y el notario debe calcularlo y enterarlo, salvo que el vendedor sea contribuyente habitual del mismo, en cuyo caso él será el obligado. (arts. 33 Ley del Impuesto al Valor Agregado y 78 de su reglamento).

3. *Impuesto Sobre la Renta por Adquisición de Inmuebles*

En cuanto al Impuesto Sobre la Renta por adquisición de bienes inmuebles se causa, cuando existe más de un 10% de diferencia entre el precio pactado y el valor del avalúo, en cuyo caso se debe liquidar el impuesto a la tasa del 20% sobre dicha diferencia (arts. 130-132 de la Ley del Impuesto Sobre la Renta).

Dicho de otra forma, el impuesto se genera si el precio pactado es menor en más de un 10% del valor que arroja el avalúo.

Son sujetos de este impuesto tanto las personas físicas como morales adquirentes, con excepción de algunas personas morales con fines no lucrativos.

Igualmente se causa a este impuesto si la transmisión de propiedad es a título gratuito en favor del cualquier tercero que no sea ascendiente, descendiente o cónyuge del donante, a la tasa del 20% sobre el valor del inmueble (arts. 130-132 de la Ley del Impuesto Sobre la Renta).

4. *Impuesto Local de Adquisición de Inmuebles o Traslado de Dominio.*

Este impuesto se debe liquidar a la tasa que determine el Código Fiscal de la entidad en que se encuentre ubicado el predio (art. 115-IV-c constitucional).

V. ENAJENACIONES DE SOLARES URBANOS

1. *Impuesto Sobre la Renta*

Un solar urbano es un inmueble sujeto a la propiedad privada y en consecuencia a la enajenación del mismo se le aplica idéntico criterio como si se tratara de cualquier predio y por ello, si es una casa habitación y el vendedor cumple con todos los requisitos legales se puede exentar y de lo contrario, se encuentra gravada como cualquier otra compraventa.

2. *Impuesto al Valor Agregado*

En cuanto al Impuesto al Valor Agregado se causa sobre el precio de las construcciones no destinadas a casa habitación a la tasa del 16% y por ello si el enajenante es contribuyente habitual del IVA debe trasladar el impuesto al adquirente y enterarlo; en caso contrario los notarios deben hacer el cálculo y entero del mismo (arts. 1, 3, 9 y 33, Ley del Impuesto al Valor Agregado y 78 del reglamento de dicha ley).

3. *Impuestos Sobre la Renta por Adquisición de Bienes Inmuebles.*

Se causa el impuesto si existe más de un 10% de diferencia entre el precio pactado y el valor del avalúo; al igual que si se transmite a título gratuito a una persona que no sea su ascendiente, descendiente o cónyuge a la tasa del 20% (arts. 130-132, Ley del Impuesto sobre la Renta).

4. *Impuesto Local de Adquisición de Inmuebles.*

Se aplica a la tasa que determine la legislación fiscal local en que se encuentre localizado el predio.

VI. CESIONES Y ENAJENACIONES DE TIERRAS DE USO COMÚN

1. *Impuesto al Valor Agregado*

Si el predio que aporta el ejido no es suelo o construcciones destinadas a casa habitación, causa el impuesto al valor agregado a la tasa del 16% sobre el valor de dichas edificaciones.

Si el ejido es contribuyente habitual del impuesto al valor agregado es él quien debe calcularlo y enterarlo, y de no serlo, los notarios lo deben hacer (arts. 33, Ley del Impuesto al Valor Agregado y 78 del reglamento).

2. *Impuesto Sobre la Renta*

Al ser el ejido una persona moral, los notarios quedan liberados de hacer el cálculo y entero del impuesto y es el propio ejido quien debe acumular ese ingreso en los términos del artículo 9 de la Ley del Impuesto Sobre la Renta.

3. *Adquisición de Inmuebles Local*

Se causa el impuesto de adquisición de bienes inmuebles o traslado de dominio a la tasa que determine la legislación local de la ubicación del predio.

Capítulo sexto
ANÁLISIS CRÍTICO

I. DIAGNÓSTICO

Los distintos marcos normativos que han regulado la propiedad social, así como las políticas públicas implementadas, han sido un factor determinante para impedir el desarrollo del país y para erradicar la miseria en que se encuentran los ejidatarios.

Las respuestas constitucionales y legislativas que han reglamentado la propiedad social en los últimos cien años han provocado un fracaso económico y social para los ejidatarios como para el país.

La riqueza inmobiliaria que comprende la propiedad social se encuentra casi paralizada por las disposiciones legales que las regula, ya que han impedido la libre circulación de esas tierras y una mayor productividad de las mismas.

La propiedad social hoy día es equivalente a las otras dos grandes concentraciones de tierras que han existido en México:

a) De 1824-1856 que permitió el acaparamiento de grandes extensiones de terrenos en manos de la Iglesia;

b) De 1857-1917 que mediante la desamortización de los bienes eclesiásticos y de las enajenaciones de terrenos baldíos, consolidó las haciendas y los grandes latifundios en muy pocas personas.

Paradójicamente en las entidades federativas donde existe una mayor cantidad de hectáreas sujetas a la propiedad social es donde hay mayor pobreza: Chiapas, Oaxaca, Guerrero, Veracruz y Puebla, con más del 50% de sus habitantes en condición de pobreza.

Se tienen que transformar las disposiciones normativas que rigen la propiedad social, de tal forma que los ejidatarios y comuneros sean dueños de sus parcelas, eliminando para eso todo tipo de requisitos.

Es de justicia que los ejidatarios y comuneros después de más de ciento ocho años de promulgada la Constitución puedan ser dueños de las tierras que trabajan y por fin ser libres para decidir qué hacer con sus parcelas y para designar a todos los herederos y legatarios que quieran. Sería el corolario de una lucha centenaria por ser hombres libres (en la miseria la libertad se esfuma) y propietarios de sus predios.

Por fin dejarán de ser personas con discapacidad que requieren de la actitud del Gobierno el cual les dice lo que deben o no hacer. De esta manera los ejidatarios podrán gozar de una manera efectiva de tres derechos humanos importantísimos: propiedad, libertad y seguridad jurídica.

II. ALTERNATIVAS A LA PROPIEDAD EJIDAL

1. *En lo que respecta a las tierras parceladas usufructuadas por los ejidatarios*

El punto de partida para resolver todos los conflictos, carencias y limitaciones que padecen los ejidatarios, es reconocerlos y tratarlos como personas libres y conscientes, y que tienen el derecho humano a la propiedad como cualquier individuo.

Derivado de esto la solución salta a la vista, los ejidatarios deben ser propietarios de sus parcelas, no solamente usufructuarios. Esta propuesta conlleva muchas ventajas entre las que se pueden mencionar las siguientes:

a) Al ser propietarios ellos sabrán y decidirán por sí mismos qué hacer con su parcela, ya sea dividirla, arrendarla o venderla. Es una forma de respetar su libertad y reconocer su dignidad como seres humanos;

b) Fomentar el dinamismo económico, al provocar que 30 millones de hectáreas se puedan transmitir libremente, a medianos o grandes empresarios agrícolas esto puede ayudar a inyectar recursos al campo, pues se generaría mayor cantidad de fuentes de trabajo en la localidad y mayor productividad. Asimismo, los ejidatarios podrán enajenar sus parcelas y obtener un capital para iniciar un negocio propio;

c) Va a permitir la libre circulación de inmuebles, lo que conlleva una mayor captación de contribuciones tanto federales, como estatales y municipales;

d) Al ser dueños de sus parcelas podrán solicitar créditos para mejorar y obtener cosechas más abundantes;

e) El ejidatario podrá elegir sin ninguna limitante normativa quiénes serán sus herederos y no como actualmente que solo puede designar a uno;[37] y adicionalmente evitará muchos juicios agrarios y conflictos familiares, ya que puede heredar a cada uno de sus descendientes una fracción de su parcela;

f) La percepción y convicción de ser dueño de su tierra, son una gran motivación para fraccionarla, venderla, mejorarla, así como para construir una vivienda más digna para su familia;

g) Es un patrimonio que podrá utilizar en cualquier momento para cubrir sus necesidades;

h) Es una deuda histórica que tiene el Estado con ellos desde hace más de ciento ocho años y es el momento de saldarla;

i) La propiedad es un derecho humano que se les ha negado a ellos durante mucho tiempo o en el mejor de los casos, se les ha obstaculizado su acceso.

Es importante recalcar que una parte muy pequeña de los 30 millones de hectáreas parceladas han asumido el dominio

---

[37] Artículos 17 y 18 de la Ley Agraria.

pleno[38] y debido a esto no se han podido enajenar a un tercero ajeno al ejido para proyectos industriales, turísticos, inmobiliarios, etc. La reforma constitucional de 1992 que permitía a los ejidatarios ser dueños fracasó, pues la legislación agraria impuso una serie de obstáculos que malogró dicha finalidad.

La realidad ha rebasado la regulación normativa en el campo y por eso las cesiones y enajenaciones de parcelas, al igual que su fraccionamiento ha sido una constante ilegal.

El gran inconveniente de esta situación es que los adquirentes de las mismas no son reconocidos como dueños, ya que no cumplieron con los requisitos para su validez y en consecuencia no cuentan con un documento que acredite la titularidad sobre ésta y por ende no pueden gozar de los derechos de todo cesionario o comprador. Esta irregularidad sin lugar a dudas violenta la seguridad jurídica de los adquirentes ya que no se les reconoce tal carácter.

Mientras los ejidatarios no sean dueños de las tierras, se va a continuar con el estancamiento económico, la poca productividad, la miseria y la migración.

2. *En lo referente a las tierras de uso común de los ejidos*

Es importante recordar que las tierras de uso común son las destinadas al sustento económico del propio ejido.

De acuerdo con el Registro Agrario Nacional en el 2020 existían 29,728 ejidos.[39] Cabe preguntarse ¿cuántos de éstos son productivos?; ¿cuántos han generado prosperidad para sus integrantes?; ¿cuántas toneladas de granos o productos agríco-

---

38 De enero de 2018 a abril del 2020, únicamente 194,801.84 hectáreas se convirtieron en propiedad privada al asumir el dominio pleno. http://datos.ran.gob.mx/conjuntoDatosPublicos.php Consultado el 26 de agosto de 2020.

39 https://datos.ran.gob.mx/conjuntoDatiosPublico.php consultado el 20 de julio de 2021.

las han cosechado?; ¿qué tanto aportan para nivelar la balanza comercial agropecuaria?

Las tierras de uso común de los ejidos no han servido para mejorar las condiciones económicas y sociales de los ejidatarios, ni tampoco han contribuido significativamente a la autosuficiencia alimentaria del país, a pesar de que la mayor cantidad de ellas se destinan a cuestiones agropecuarias.

Se debe admitir que la propiedad ejidal no ha funcionado como sus creadores lo pensaban y por eso se requiere modificarla radicalmente para obtener una mejoría.

Con base en lo anterior, las alternativas que debe elegir cada una de las asambleas de ejidatarios se traduce en:

a) Mantener las tierras de uso común tal y como están hoy día;

b) Fraccionarlas y distribuirlas entre los casi tres millones de ejidatarios;

c) Venderlas y repartirse el ingreso entre todos;

d) Los ejidos productivos y rentables que existan mantenerlos en esas condiciones;

e) Aportarlas a sociedades para crear empresas con proyectos ya sean inmobiliarios, turísticos o en su caso agrícolas, ganaderos y forestales.

f) Se pueden crear empresas que en su régimen estatutario se determine que sean administradas por empresarios privados y asimismo que el ejido no tenga derecho de voto en las asambleas, pero en contraprestación gozará de un mayor porcentaje en los dividendos.

g) Se pueden afectar en fideicomiso, lo que daría confianza y certeza a los inversionistas.

h) Es evidente que la iniciativa privada no quiere tener como accionistas al ejido o a los ejidatarios y por eso la creación de sociedades en las que el ejido aporta tierras de uso común formando parte de ellas no ha funcionado.

Las anteriores opciones permitirían poner en circulación un alto porcentaje de las hectáreas que comprenden las tierras de uso común, lo cual generaría un gran dinamismo económico tanto en los municipios como en los Estados y asimismo ayudaría a elevar el nivel de vida de los ejidatarios.

3. *En lo que concierne a las tierras destinadas al asentamiento humano*

Actualmente las tierras destinadas al asentamiento humano son 1,122,419 hectáreas,[40] que al igual que las tierras de uso común son inalienables, imprescriptibles e inembargables, lo cual impide su comercialización.

Los ejidatarios o en su caso los posesionarios son los ocupantes de una parte de esos bienes, pero no los pueden enajenar o gravar.

Al 7 de abril de 2020 de acuerdo con el Registro Agrario Nacional existían 715,296 posesionarios y 160,152 avecindados[41] que gozan de escasos derechos. Tal vez se les podría hacer partícipe de mayor cantidad de estímulos, de tal forma que también ellos sean propietarios.

---

40 Comprende el área para la habitación y los servicios, al igual que la parcela escolar, la unidad agrícola industrial de la mujer y la unidad productiva para el desarrollo integral de la juventud.

41 https://datos.ran.gob.mx/conjuntoDatosPublico.php consultada el 26 de agosto de 2020.
El posesionario es la persona que ejerce un poder de hecho sobre un bien, ejercitando actos de uso y goce como si fuera su titular. Es el sujeto que posee tierras ejidales y que ha sido reconocido con tal carácter por la asamblea de ejidatarios o el Tribunal Unitario Agrario competente, pudiendo solicitar se le expida el certificado parcelario con esa categoría y cumpliendo los requisitos señalados en la Ley Agraria puede prescribir las tierras que detenta. Por su parte el avecindado es el mexicano que ha residido por un año o más en las tierras del ejido y que ha sido reconocido como tal por la asamblea de ejidatarios o por el Tribunal Agrario competente. Tiene la facultad a que se le asignen derechos sobre tierras ejidales y puede ser cesionario de derechos parcelarios.

Con esta redistribución de la propiedad ejidal, además de quedar perfectamente definidos los derechos de propiedad de los ejidatarios, ingresarían al comercio inmobiliario más de 80 millones de hectáreas, lo cual facilitaría el flujo de capitales al campo y mayor productividad y trabajo. Esta libre circulación de inmuebles igualmente permitiría mayor captación de contribuciones para los municipios y las entidades federativas.

III. PROPUESTAS DE REFORMAS

1. *Reformas constitucionales*

Es menester que se precise en el artículo 27-VII de nuestra Carta Magna que los ejidatarios y comuneros agrarios serán dueños de sus parcelas y en consecuencia podrán disponer libremente de éstas, bastando para acreditar su propiedad con el certificado parcelario.

Se requiere establecer el derecho que tienen las asambleas de ejidatarios para decidir qué hacer con las tierras de uso común, ya sea para continuar trabajándolas, fraccionarlas y distribuirlas entre ellos, o en su caso enajenarlas; al igual que para determinar a quiénes se les va a transmitir la propiedad de las viviendas localizadas en el área de asentamientos humanos.

También se necesita modificar el artículo 115-IV constitucional para que expresamente se establezca que las parcelas ejidales y comunales se encuentran sujetas a los impuestos y derechos estatales y municipales, seis meses después de la entrada en vigor de las reformas constitucionales.

2. *Legislaciones secundarias*

A. Ley Agraria

La legislación agraria debe consignar que los certificados parcelarios de los ejidatarios tendrán el carácter de títulos de propiedad, los cuales deberán inscribirse en el Registro Público de la Propiedad para que surtan efectos contra terceros.

Asimismo, se requieren eliminar todas las disposiciones que limitan la libertad de testar; al igual que todas las normas que consignan el derecho del tanto salvo cuando se trate de cotitularidad o copropiedad (tal como se regula en la legislación civil).

También se debe reformar para que se consigne el derecho que tienen las asambleas de ejidatarios para tomar las decisiones acerca del destino que les van a dar a las tierras de uso común y a las viviendas ubicadas en el área de asentamientos humanos del ejido.

Las asambleas podrán optar por continuar trabajando las tierras en común, subdividirlas o enajenarlas en su caso. En el mismo sentido podrán atribuir la propiedad de las viviendas en los términos más equitativos a cada uno de éstos o a las personas que la misma determine.

Los acuerdos adoptados en las citadas asambleas deberán sujetarse a los quorum de asistencia y votación que establezca la ley, y tendrán que protocolizarse ante notario e inscribirse en el Registro Agrario Nacional, el que deberá expedir los títulos de propiedad respectivos, los cuales igualmente tendrán que inscribirse en el Registro Público de la Propiedad correspondiente para que surtan efectos contra terceros.

Adicionalmente a las inscripciones de propiedad de los ejidos, se deben registrar a las sociedades mercantiles y civiles titulares de bienes rústicos, en el Registro Agrario Nacional.

B. Ley del Impuesto Sobre la Renta

Para evitar un tratamiento fiscal inequitativo es necesario que se reforme la fracción XXVIII del artículo 93 para que se consigne expresamente que no se pagará el impuesto por la obtención del ingreso derivado de la primera enajenación de derechos agrarios, con el único requisito que se otorgue ante notario.

C. Legislaciones fiscales locales

Deberán ajustarse a lo prescrito en la reforma constitucional, de tal forma que tendrán derecho a exigir el cobro de las contribuciones respectivas a partir de los seis meses siguientes a su entrada en vigor. En consecuencia, se causará el impuesto predial sobre los bienes atribuidos en propiedad a los ejidatarios, posesionarios, avecindados y comuneros. El impuesto sobre adquisición de bienes inmuebles se generará a partir del momento en que se realice la primera transmisión de propiedad, sea ésta a título gratuito u oneroso.

Asimismo, deberán pagarse todos los derechos establecidos en las leyes fiscales, entre otras el fraccionamiento, subdivisión y fusión de dichos inmuebles.

D. Códigos civiles y leyes registrales de las entidades federativas

Estos cuerpos normativos se deberán modificar para reconocer que los certificados parcelarios y los títulos de propiedad expedidos por el Registro Agrario Nacional, al igual que las sentencias emitidas por el Tribunal Agrario son documentos que acreditan la propiedad de las parcelas y de las viviendas ejidales y que en consecuencia deberán inscribirse en el Registro Público de la Propiedad que corresponda.

VEINTE CASOS PRÁCTICOS

I. ¿El ejido puede adquirir o enajenar bienes?

El ejido como persona moral puede adquirir o enajenar toda clase de bienes. La asamblea de ejidatarios es la que decide la adquisición o enajenación de todo tipo de inmuebles propiedad del ejido y el ejecutor de dichas resoluciones es el Comisariado Ejidal (arts. 9, 23, 32, 74 y 75).

II. ¿La adquisición de inmuebles por el ejido causa el Impuesto al Valor Agregado?

Si el predio que adquiere el ejido es a título oneroso y no es suelo o construcciones destinadas a casa habitación, causa el impuesto al valor agregado a la tasa del 16% sobre el precio pactado sobre las construcciones no destinadas a casa habitación y dependiendo de si el enajenante es o no un contribuyente habitual del IVA, tendremos o no los notarios la obligación de enterar dicho impuesto (arts. 1, 8, 9, 33, Ley del Impuesto al Valor Agregado y 78 del reglamento).

III. ¿Si un ejido vende un inmueble genera impuestos federales?

Si el ejido vende un predio, el precio obtenido causa el Impuesto Sobre la Renta, sin embargo, al no tratarse de una persona física o una persona moral con fines no lucrativos, (art. 79 de la Ley del Impuesto Sobre la Renta) los notarios estamos liberados de calcular y enterar dicho impuesto. Es obligación del ejido de calcularlo y cubrirlo en los términos del artículo 9 de la ley, ya que se trata de una persona moral.

Cuando el ejido vende un inmueble, si es que no se encuentra exento del IVA tenemos los notarios la obligación de calcularlo y enterarlo, salvo que sea el ejido un contribuyente habitual de dicho impuesto, en cuyo caso será él quien tenga la obligación de trasladarlo al adquirente y enterarlo (art. 33, Ley de IVA y 78, reglamento de la misma)

> Artículo 33. Tratándose de enajenación de inmuebles por la que se deba pagar el impuesto en los términos de esta Ley, consignada en escritura pública, los notarios, corredores, jueces y demás fedatarios que por disposición legal tengan funciones notariales, calcularán el impuesto bajo su responsabilidad y lo enterarán dentro de los quince días siguientes a la fecha en que se firme la escritura, en la oficina autorizada que corresponda a su domicilio. Lo dispuesto en este párrafo no es aplicable en el caso a que se refiere el artículo 1-A, fracción I de esta Ley.

Por su parte el artículo 78 del reglamento establece lo siguiente:

> Para los efectos del artículo 33, segundo párrafo de la Ley, las personas a que se refiere dicho párrafo, quedan relevados de la obligación de efectuar el cálculo y entero del impuesto a que se refiere el citado artículo cuando la enajenación de inmuebles se realice por contribuyentes que deban presentar declaraciones mensuales de este impuesto y exhiban copia sellada de las últimas tres declaraciones de pago mensual. Tratándose de contribuyentes que hayan iniciado actividades en un plazo menor a tres meses anteriores a la fecha en que se expida por el fedatario público el documento que ampara la operación por la que deba pagarse el impuesto, deberán presentar copia sellada de la última declaración de pago mensual o copia del aviso de inscripción al Registro Federal de Contribuyentes, según corresponda.
>
> Cuando los contribuyentes presenten las declaraciones o el aviso a que se refiere este artículo en documentos digitales, deberán exhibir copia del acuse de recibo con sello digital.
>
> No se consideran enajenaciones de bienes efectuadas en forma accidental, aquéllas que realicen los contribuyentes obligados a presentar declaraciones mensuales del impuesto.

IV. ¿Las enajenaciones de parcelas en las que ya se hubiera asumido el dominio pleno causa el Impuesto al Valor Agregado y el Impuesto Sobre la Renta por Adquisición de Inmuebles?

En lo referente al Impuesto al Valor Agregado se genera sobre el precio de las construcciones no destinadas a casa habitación y el notario debe calcularlo y enterarlo, salvo que el vendedor sea contribuyente habitual del mismo, en cuyo caso él será el obligado (art. 33 Ley del Impuesto al Valor Agregado y 78 de su reglamento).

En cuanto al Impuesto Sobre la Renta por adquisición de bienes inmuebles se causa, cuando existe más de un 10% de diferencia entre el precio pactado y el valor del avalúo, en cuyo caso se debe liquidar el impuesto a la tasa del 20% sobre dicha diferencia (arts. 130-132 de la Ley del Impuesto Sobre la Renta y 217 del reglamento).

Dicho de otra forma, el impuesto se genera si el precio pactado es menor en más de un 10% del valor que arroja el avalúo.

Son sujetos de este impuesto tanto las personas físicas como morales adquirentes, con excepción de algunas personas morales con fines no lucrativos.

V. Si el ejido aporta el dominio de tierras de uso común a sociedades mercantiles ¿causa impuestos federales?

Si el predio que aporta el ejido no es suelo o construcciones destinadas a casa habitación, causa el Impuesto al Valor Agregado a la tasa del 16% sobre el valor de dichas edificaciones (arts. 14-III, Código Fiscal de la Federación y 8 de la Ley del Impuesto al Valor Agregado).

Si el ejido es contribuyente habitual del Impuesto al Valor Agregado es él quien debe calcularlo y enterarlo, y de no serlo, los notarios lo deben hacer (arts. 33 de la Ley del Impuesto al Valor Agregado y 78 del Reglamento).

Al ser el ejido una persona moral, los notarios quedan liberados de hacer el cálculo y entero del Impuesto Sobre la Renta y es el propio ejido quien debe acumular ese ingreso en los términos del artículo 9° de la Ley del Impuesto Sobre la Renta.

VI. En el supuesto que el ejidatario realice la primera venta en

favor de una persona del mismo ejido, ¿se encuentra exento el ingreso obtenido?

No, ya que para que proceda la exención debe efectuarse en favor de una persona ajena al ejido, de conformidad con los artículos 93-XXVIII de la Ley del Impuesto Sobre la Renta y 86 de la Ley Agraria.

No obstante, lo anterior, si se trata de su casa habitación y cumple con los requisitos del artículo 93-XIX de la Ley del Impuesto Sobre la Renta, puede exentar el ingreso.

VII. Si un ejidatario cede su parcela en un valor menor del 10% por ciento del valor del avalúo a otro ejidatario o avecindado del mismo ejido ¿se genera el Impuesto sobre la Renta por Adquisición de Bienes?

Sí, en los términos de los artículos 130-IV y 132 de la Ley del Impuesto Sobre la Renta, a la tasa del 20% sobre la diferencia entre el precio pactado y el valor de avalúo.

VIII. Si el ejidatario que asumió el dominio pleno de su parcela se lo dona a su concubina ¿esta donación está gravada?

Sí, ya que la donación sólo se encuentra exenta entre cónyuges y no entre concubinos (art. 93-XXIII a de la Ley del Impuesto Sobre la Renta) y la tasa aplicable es del 20% del valor de la parcela de conformidad con los artículos 130-I y 132 de la Ley del Impuesto Sobre la Renta.

IX. Un ejidatario que ya asumió el dominio pleno le dona la parcela a su hijo, sin acreditar su carácter de ejidatario ¿esa donación causa el Impuesto Sobre la Renta?

No lo causa en los términos del artículo 93-XXII-a ya que se trata de una donación de padre a hijo; siendo intrascendente que no acredite su carácter de ejidatario, ya que este supuesto únicamente es aplicable cuando el ejidatario vende su parcela de conformidad con lo prescrito por el artículo 93-XXVIII de la Ley del Impuesto Sobre la Renta.

X. ¿Si un ejidatario dona a su padre una parcela y éste a su vez se lo dona a otro hijo ¿estas transmisiones de propiedad se encuentran exentas?

En los términos del artículo 93-XXIII-b de la Ley del Impuesto Sobre la Renta que prescribe que la donación realizada a favor de un ascendiente se encuentra exenta siempre y cuando no transmita el inmueble a otro descendiente; de hacerlo, la donación se encuentra gravada a la tasa del 20% del valor del inmueble sin deducción alguna (arts. 130-132). La segunda donación realizada por el ascendiente al descendiente se encuentra exenta con fundamento en el artículo 93-XXVIII-a).

En ninguna de las dos donaciones el notario que los formalice tiene responsabilidad alguna.

El obligado a calcular y enterar el impuesto es el padre.

XI. Si un ejidatario le dona a su esposa una parcela y ésta a su vez se la dona a uno de sus hijos, ¿las donaciones se encuentran exenta?

Ambas donaciones se encuentran exentas de conformidad con lo establecido en el artículo 93-XXVIII-a de la Ley del Impuesto Sobre la Renta.

XII. Si se ratifica la cesión de derechos parcelarios en la que el ejidatario (cedente) no ha asumido el dominio pleno ¿se debe calcular y enterar el Impuesto Sobre la Renta o dicho ingreso se encuentra exento?

En los términos del artículo 93-XXVIII de la Ley del Impuesto Sobre la Renta se encuentra exento el ingreso percibido por la enajenación de derechos parcelarios.

XIII. ¿Las enajenaciones de las parcelas sobre las cuales ya se hubiera adoptado el dominio pleno causan Impuesto Sobre la Renta o se encuentran exentas?

En los términos del artículo 93-XXVIII de la Ley del Impuesto Sobre la Renta dichas enajenaciones se encuentran exentas siempre y cuando se cumplan los siguientes requisitos:

Que sea la primera enajenación que se efectué por el ejidatario y se realice en los términos de la legislación agraria (arts. 84 y 89, Ley Agraria).

Que se realice a personas ajenas al núcleo de población y por lo menos al precio de referencia que establezca el Instituto de Administración y Avalúos de Bienes Nacionales o cualquier institución de crédito y se respete el derecho del tanto (art. 86, Ley Agraria).

Debe formalizarse ante fedatario público (art. 82, Ley Agraria).

El enajenante debe acreditar que es titular de dichos derechos parcelarios.

Que acredite su calidad de ejidatario mediante los certificados o los títulos correspondientes a que se refiere la Ley Agraria.

Si no acredita dichos requisitos se debe calcular y enterar el impuesto sobre la renta (art. 93-XXVIII, Ley del Impuesto Sobre la Renta).

XIV. Si un posesionario cede sus derechos sobre su parcela, ¿el ingreso obtenido se encuentra exento?

Se encuentra gravado porque la exención contemplada en el artículo 93-XXVIII de la Ley del Impuesto Sobre la Renta se refiere únicamente a ejidatarios y comuneros y no a posesionarios y las leyes fiscales son de aplicación estricta en los términos del artículo 5 del Código Fiscal de la Federación.

XV. El ejidatario que asumió el dominio pleno de una parcela la dona a su esposa y ésta a su vez se la vende a uno de sus hijos ¿causa el Impuesto Sobre la Renta?

La donación se encuentra exenta por que se realiza entre cónyuges (art. 93-XXIII-a, Ley del Impuesto Sobre la Renta).

En lo que respecta a la venta el ingreso está gravado, ya que sólo se encuentra exenta la primera enajenación o sea la donación que hizo el ejidatario a su esposa (artículo 93-XXVIII de la Ley del Impuesto Sobre la Renta) aunque la vendedora puede tomar como costo de adquisición el valor del avalúo referido a la fecha de expedición del título y como fecha de adquisición el de la fecha del referido título (art. 211, Reglamento de la Ley del Impuesto Sobre la Renta).

XVI. Si una persona se adjudicó por herencia una parcela de su padre que había asumido el dominio pleno y pretende enajenarla, ¿está venta se encuentra exenta? y de no estarla ¿cuál es su costo y fecha de adquisición?

No se encuentra exenta porque es la segunda transmisión de propiedad y únicamente está exenta la primera (art. 93-XXVIII, Ley del Impuesto Sobre la Renta).

En los términos del artículo 211 del Reglamento de la Ley del Impuesto Sobre la Renta, el vendedor puede tomar como costo de adquisición, el valor del avalúo referido a la fecha de expedición del título de propiedad y como fecha de adquisición, el del mismo título. Pudiera exentar únicamente si se trata de su casa habitación y cumple con los requisitos exigidos por los artículos 93-XIXa de la Ley del Impuesto Sobre la Renta y 154 y 155 del Reglamento de la Ley del Impuesto Sobre la Renta.

XVII. El ingreso recibido por la venta de un solar urbano ¿se encuentra gravado por las leyes federales?

Un solar urbano, aunque se encuentre ubicado dentro de los límites de un ejido, es propiedad privada (arts. 68 y 69, Ley Agraria) y por ello el ingreso obtenido se encuentra gravado como cualquier enajenación de naturaleza civil.

Si se trata de su casa habitación y acredita los extremos de los artículos 93-XIX a de la Ley del Impuesto Sobre la Renta y 154 y 155 del Reglamento de la misma ley, el ingreso se encuentra exento.

De lo contrario debe cubrir el impuesto respectivo, en la inteligencia de que su costo de adquisición es cero, ya que lo adquirió de manera gratuita por disposición legal (art. 68 Ley Agraria) y su fecha de adquisición es la fecha de la expedición del título de propiedad expedido por el Registro Agrario Nacional. No obstante, lo anterior podrá deducir como costo de adquisición el 10% del precio obtenido (art. 121-I de la Ley del Impuesto Sobre la Renta) y las inversiones hechas en construcciones, mejoras y ampliaciones, al igual que las comisiones pagadas con motivo de la enajenación y los gastos notariales, impuestos y derechos por las escrituras de adquisición y enajenación (art. 121-II, III y IV, Ley del Impuesto Sobre la Renta).

En lo que respecta al impuesto al valor agregado, éste se causa si el solar cuenta con construcciones no destinadas a casa habitación, sobre el precio de las mismas a la tasa del 16% (arts. 1, 3, 8, 9 y 33, Ley del Impuesto al Valor Agregado).

XVIII. La donación que realice un ejidatario sobre su parcela de la cual ya es dueño, a una asociación religiosa ¿tenemos la obligación de calcular y enterar los impuestos federales?

No. En lo que respecta al Impuesto Sobre la Renta por Adquisición de Inmuebles se genera cuando el donatario es una persona física que no sea ascendiente o descendiente o cónyuge del donante y no se aplica cuando la donataria es una persona moral y en consecuencia no tenemos la obligación de calcularlo y enterarlo en los términos de los artículos 130-132.

En lo referente al Impuesto al Valor Agregado no se considera una enajenación la donación que realiza una persona física a una moral con fundamento en el artículo 8 de la Ley del Impuesto al Valor Agregado y por ello no tenemos ninguna obligación al respecto.

XIX. Si un ejido le vende a un municipio un inmueble integrado por bodegas ¿se generan impuestos federales?

Se causa el Impuesto Sobre la Renta por el precio obtenido por el ejido, pero al tratase de una persona moral no tenemos obligación de calcularlo y enterarlo.

Esta obligación se presenta cuando enajena una persona física o en algunos supuestos cuando lo hace una persona moral con fines no lucrativos (arts. 126, 79, 80, 81 Ley del Impuesto Sobre la Renta).

El ejido debe acumular dicho ingreso de conformidad con el artículo 9 de la Ley del Impuesto Sobre la Renta.

En lo que respecta al impuesto al valor agregado éste se causa sobre el precio de las construcciones no destinadas a casa habitación y el ejido es el obligado a trasladarlo al municipio siempre y cuando sea contribuyente habitual del impuesto al valor agregado, de lo contrario el notario debe calcularlo y enterarlo (arts. 3y 33, Ley del Impuesto al Valor Agregado y 78 del Reglamento).

XX. Si la Federación le dona un terreno a un ejido ¿se genera algún impuesto federal?

Ni el Impuesto Sobre la Renta por Enajenación (ya que la donante es una persona moral y no hay precio); ni por adquisición de inmuebles (por ser la donataria una persona moral).

Ni tampoco tenemos responsabilidad de calcular y enterar el Impuesto al Valor Agregado por que la enajenación de un terreno sin construcciones se encuentra exento (arts. 126, 130-132 de la Ley del Impuesto Sobre la Renta y 8 y 9 de la Ley del Impuesto al Valor Agregado).

GLOSARIO

Áreas naturales protegidas. Las zonas del territorio nacional y aquellas sobre las que la Nación ejerce su soberanía y jurisdicción, en donde los ambientes originales no han sido significativamente alterados por la actividad del ser humano, o que requieren ser preservadas y restauradas y están sujetas al régimen previsto en la Ley.

Asamblea. Órgano máximo del núcleo agrario. Asamblea de Ejidatarios o Comuneros, prevista en el artículo 23 de la Ley Agraria. Se denomina Asamblea de formalidades simples cuando los actos o puntos a tratar versan sobre las fracciones I a VI y XV del artículo mencionado. Se identifica como Asamblea de formalidades especiales cuando los asuntos a tratar se refieren a las hipótesis contenidas en las fracciones VII a XIV, del mismo numeral.

Asentamiento humano. El establecimiento de un conglomerado demográfico, con el conjunto de sus sistemas de convivencia, en un área físicamente localizada, considerando dentro de la misma los elementos naturales y las obras materiales que lo integran.

Avecindado. Mexicano, mayor de edad, que ha residido por un año o más en las tierras del ejido y que ha sido reconocido con ese carácter por la asamblea del núcleo o por el Tribunal Agrario competente. Los avecindados tienen derecho, en su caso, a la asignación de derechos sobre tierras ejidales; a adquirir derechos parcelarios por enajenación; al derecho del tanto en la primera enajenación de parcelas con dominio pleno.

Carpeta agraria. Se integra por los documentos referentes a la certificación de las tierras del ejido o de la comunidad consistentes en los siguientes: ADDAT y Plano Interno con coordenadas UTM del ejido o comunidad derivado de la anterior, inscritos en el Registro Agrario Nacional.

Carpeta básica del ejido o comunidad. Documentos con los cuales los núcleos agrarios comprueban estar legalmente constituidos. La misma está integrada por documentos inscritos en el Registro Agrario Nacional, en los que se establece la creación o constitución de ejidos, ya sea por resolución presidencial o por sentencia de los Tribunales, y reconocimiento de comunidades. Generalmente son los siguientes documentos: Resolución Presidencial o Sentencia de Tribunal; Acta de Posesión y Deslinde; Plano Definitivo con coordenadas UTM.

Certificación notarial. Es la relación que hace la o el Notario Público de un acto o de un hecho que obra en su protocolo, en un documento que él mismo expide o en un documento preexistente, así como la afirmación de que una transcripción o reproducción coincide fielmente con su original. También conocida por cotejo. Toda certificación será autorizada por la o el Notario con su firma y sello.

Comisariado ejidal o de bienes comunales. Órgano encargado de la ejecución de los acuerdos de la asamblea, así como de la representación y gestión administrativa del ejido. Estará constituido por un Presidente, un Secretario y un Tesorero, propietarios y sus respectivos suplentes. Asimismo, contará en su caso con las comisiones y los secretarios auxiliares que señale el reglamento interno. Este habrá de contener la forma y extensión de las funciones de cada miembro del comisariado; si nada dispone, se entenderá que sus integrantes funcionarán conjuntamente. Asimismo, se reconocen las autoridades de núcleos con pueblos indígenas conforme a sus sistemas normativos internos.

Entre las facultades y obligaciones del comisariado se encuentran: representar al núcleo de población ejidal y administrar los bienes comunes del ejido, en los términos que fije la asamblea, con las facultades de un apoderado general para actos de administración y pleitos y cobranzas; procurar que se respeten estrictamente los derechos de los ejidatarios; convocar a la asamblea en términos de la ley, así como cumplir los acuerdos que dicten las mismas; dar cuenta a la asamblea de las labores efectuadas y del movimiento de fondos, así como informar a ésta sobre los trabajos de aprovechamiento de las tierras de uso común y el estado en que éstas se encuentren; entre otras que señalen la ley y el reglamento interno del ejido.

Consejo de vigilancia. Órgano ejidal o comunal encargado de vigilar los actos del comisariado. Estará constituido por un Presidente y dos Secretarios, propietarios y sus respectivos suplentes y operará conforme a sus facultades y de acuerdo con el reglamento interno; si éste nada dispone, se entenderá que sus integrantes funcionarán conjuntamente. Son facultades y obligaciones de este: vigilar que los actos del comisariado se ajusten a los preceptos de la ley y a lo dispuesto por el reglamento interno o la asamblea; revisar las cuentas y operaciones del comisariado a fin de darlas a conocer a la asamblea y denunciar ante ésta las irregularidades en que haya incurrido el comisariado; convocar a asamblea cuando no lo haga el comisariado; y las demás que señalen la ley y el reglamento interno del ejido.

Ejidatario. Sujeto agrario integrante del núcleo ejidal, mexicano, mayor de edad o de cualquier edad si tiene familia a su cargo, que cuenta con certificado de derechos agrarios expedido por la autoridad competente, con certificado parcelario o de derechos comunes o con resolución de la autoridad agraria o sentencia del Tribunal Agrario. Son ejidatarios los hombres y las mujeres titulares de derechos ejidales, sean estos parcelarios o a las tierras de uso común.

Ejido. Tiene dos connotaciones, en la primera es considerado como el núcleo de población o persona moral con personalidad jurídica y patrimonio propios; la segunda, se refiere a las tierras sujetas a un régimen especial de propiedad social en la tenencia de la tierra, regulada por la Ley Agraria.

Escritura pública. Es el instrumento original que la o el Notario asienta en los folios para hacer constar bajo su fe, uno o varios actos jurídicos (manifestaciones externas de la voluntad para producir consecuencias jurídicas), que firmado (o con huella, cuando la persona no sabe firmar), y se requiere que otra persona firme a su ruego con dos testigos por los comparecientes, la o el Notario autoriza con su sello y firma autógrafa. También tienen ese carácter las actas notariales de Fe de Hechos.

Fe Pública Registral. Facultad que le atribuye el Reglamento Interior del Registro Agrario o Nacional a los servidores públicos del Registro, para la realización o materialización de las inscripciones que le correspondan, así como a la que derive de las habilitaciones que otorgue el titular depositario de dicha fe, en términos de la normativa aplicable, en favor de un determinado servidor público.

Fedatario Público. Persona que por disposición de la ley está facultada para realizar una función autenticadora a nombre del Estado, de tal manera que su dicho es verdad oficial; su intervención otorga certeza jurídica al contenido, documentos, o a los actos en los que interviene.

Para los efectos de los actos jurídicos materia de la propiedad ejidal son las y los Notarios quienes ejercen la función de fedatarios públicos de conformidad a lo establecido en la Ley Agraria, en la Ley de Hidrocarburos y de la Industria Eléctrica.

Lista de Sucesión. Acto jurídico mediante el cual el ejidatario o comunero designa a la persona que heredará sus parcelas o tierras de uso común a su fallecimiento.

Medio Ambiente. El conjunto de elementos naturales y artificiales o inducidos por el hombre que hacen posible la existencia y desarrollo de los seres humanos y demás organismos vivos que interactúan en un espacio y tiempo determinados.

Notario Público. La o el Notario es un profesional del Derecho, investido de fe pública por los Estados Libres y soberanos de la República Mexicana mediante el otorgamiento de una patente o fiat por Titulares del Poder Ejecutivo de cada entidad federativa, que brinda seguridad jurídica y certeza en los actos y hechos de los que da fe, manteniendo siempre un alto nivel de profesionalismo, total imparcialidad con los prestatarios del servicio y plena autonomía en sus decisiones, las cuales sólo tienen por límite el Estado de Derecho.

La o el Notario ejerce su función con independencia del poder público y los particulares. Es así como recibe, interpreta, redacta y da forma legal a la voluntad de los comparecientes al plasmarla en los *libros* de su protocolo o de Ratificaciones redactados bajo su responsabilidad y que se denominan actas notariales o escrituras públicas, o ratificaciones.

Si se trata de dar fe de hechos que percibe por sus sentidos, por ejemplo, dar fe de lo que acontece en una asamblea ejidal, se denomina fe de Hechos. Si redacta un contrato se denomina escritura Pública o bien, ante su presencia se ratifican en contenido y firmas de un contrato de Cesión de Derechos Parcelarios, de acuerdo al artículo 80 de la Ley Agraria, se denomina Ratificación Notarial.

La o el Notario conserva y reproduce el instrumento público respectivo, y expide los testimonios de dichos actos, brindando así seguridad y tranquilidad a la sociedad. También auxilia a las autoridades locales y federales en el cálculo y cobro de impuestos y derechos; y vigila que se registren los actos que ante él se otorgan.[42]

Núcleo de población agrario. Ejido y comunidad legalmente constituido.

Parcelamiento económico o de hecho. Es el fraccionamiento de hecho de las tierras del núcleo, efectuado por los ejidatarios, comuneros y posesionarios, quienes detentan y usufructúan cada una de las parcelas resultado de este fraccionamiento, sin contar con un certificado que legitime de manera precisa su derecho sobre el bien que ocupa. Actualmente, la Ley Agraria faculta a la Asamblea para reconocer el parcelamiento económico o de hecho y regularizar la tenencia de posesionarios, respetando los derechos adquiridos con anterioridad.

Parcela ejidal. Superficie asignada por la asamblea a los integrantes de un ejido o comunidad; acto a partir del cual co-

---

42 Extracto de la página del Colegio de Nacional de Notariados de México, https://www.notariadomexicano. org.mx/el-notariado-en-mi-vida/el-notario/

rresponde a los ejidatarios o comuneros su uso y disfrute en términos de la Ley Agraria.

Plano interno. El plano que resulta de la delimitación al interior de los Núcleos Agrarios en el que se localizan hasta tres grandes áreas, las cuales son: tierras parceladas; tierras de uso común y tierras de asentamiento humano.

Posesionario. En términos generales, es la persona que ejerce un poder de hecho sobre un bien ejercitando actos de uso y goce como si fuera su propietario. En materia agraria, es el sujeto que posee tierras ejidales o comunales y que ha sido reconocido con tal carácter por la asamblea del núcleo o el Tribunal Unitario Agrario competente y puede ejercitar la acción de prescripción respecto de las tierras ejidales que detenta.

Principio de Rogación Notarial. La solicitud de la intervención notarial es la base legal para que un Notario Público pueda dar fe de un acto jurídico "a petición de parte legitimada" para lo cual el ejido o la comunidad deben tener una existencia legal documentada como cualquier persona moral y el Comisariado, como órgano de representación de esa persona moral, debe acreditar su personalidad mediante su acta de asamblea de elección inscrita en el Registro Agrario Nacional, ya que de acuerdo con el artículo 33 de la Ley Agraria el comisariado es un apoderado general para actos de administración, pleitos y cobranzas. Si se trata de actos individuales los titulares de derecho deberán acreditarlo con el certificado correspondiente inscrito en el Registro Agrario Nacional.

PROCEDE. Programa de Certificación y Titulación de Derechos Ejidales y de Titulación de Solares que tenía como objetivo el dar certeza jurídica a los sujetos agrarios (ejidos y ejidatarios) mediante documentos en donde constara lo que pertenecía a cada uno y se reguló mediante el Reglamento de la Ley Agraria en Materia de Certificación de Derechos Ejidales y Titulación de Solares publicado en el Diario Oficial de la Federación el 6 de enero de 1993.

Procuraduría Agraria. Institución de servicio social de la Administración Pública Federal, dedicada a la defensa de los derechos de los sujetos agrarios, brinda servicios de asesoría jurídica, arbitraje agrario y representación legal, promueve la conciliación de intereses, la regularización de la propiedad rural y el fortalecimiento de la seguridad jurídica en el campo. Fomenta la organización agraria básica para la producción y mejor aprovechamiento de sus tierras y recursos naturales, a través de las acciones que coadyuvan al desarrollo rural sustentable y al bienestar social.

Programas de certificación. Programa de Certificación de Derechos Ejidales y Titulación de Solares, su objetivo fundamental fue entregar a los ejidos y comunidades, previo acuerdo de las asambleas, certificados de derechos de usufructo parcelario, de derechos de usufructo proporcional de las tierras de la zona común y los títulos de propiedad de los solares, se inició con la incorporación voluntaria del núcleo agrario, a través de su órgano máximo de decisión: fue de carácter voluntario pues responde a la necesidad de que sean los propios integrantes del núcleo los que decidan libremente el destino de sus tierras ya que han sido ellos a través de sus costumbres y prácticas comunitarias, quienes han resuelto las formas de parcelamiento y usufructo de su patrimonio.

Propiedad Social. Es el derecho real que tienen los ejidos y comunidades agrarias de usar, disfrutar y disponer de un bien con las limitaciones establecidas en la Ley Agraria. Igualmente se conceptualiza como el conjunto de inmuebles sujetos a la Ley Agraria y cuyos titulares son los ejidos, ejidatarios, comunidades agrarias y comuneros. Aunque incorrectamente también se incluyen las tierras de comunidades indígenas.

Registro Agrario Nacional. Órgano Administrativo Desconcentrado de la Secretaría de Desarrollo Agrario, Territorial y Urbano, que tiene a su cargo la función registral, de asistencia técnica y catastral, con el objeto de lograr el control de la tenencia de la tierra y la seguridad documental; en el que se inscriben los documentos en los que constan las operaciones originales y las modificaciones que sufra la propiedad de las tierras y los derechos legalmente constituidos sobre la propiedad ejidal y comunal, así como aquellos que acrediten la propiedad de las sociedades mercantiles sobre tierras agrícolas, ganaderas o forestales.

Reservas de crecimiento. Las áreas de un centro de población que serán utilizadas para su crecimiento.

Solares urbanos. Terrenos destinados a la edificación de casas, superficie lotificada ubicada en la zona de urbanización dentro de las tierras del asentamiento humano del ejido o comunidad. Los solares son de propiedad plena de sus titulares al recibir el documento correspondiente y a partir de ese momento el ejercicio de sus derechos se regula por la legislación civil.

Sujeto agrario. Término que designa de manera general a aquellas personas a quienes les es aplicable la legislación agraria (ejidatarios, comuneros, avecindados y posesionarios).

Tierras de asentamiento humano. Área necesaria para el desarrollo de la vida comunitaria del ejido. Está compuesta por los terrenos en que se asienta la zona urbana y su fundo legal; es decir, el área para la habitación y los servicios. De conformidad con lo que establece la Ley Agraria son inalienables, imprescriptibles e inembargables y conforman el área irreductible del ejido. La Ley Agraria contempla la misma protección de las tierras de asentamiento humano a la parcela escolar, la unidad agrícola industrial de la mujer y la unidad productiva para el desarrollo integral de la juventud.

Tierras de uso común. Son terrenos ejidales o comunales que constituyen el sustento económico de la vida en comunidad de los núcleos y por exclusión, están conformadas por aquellas tierras que no han sido reservadas por la asamblea para el asentamiento humano, ni destinadas y asignadas como parcelas, son inalienables, imprescriptibles e inembargables, con la única excepción permitida por la Ley Agraria y que se refiere a los casos de manifiesta utilidad para el núcleo de población ejidal o comunal, en donde éste podrá transmitir el dominio de estas tierras a sociedades mercantiles o civiles en las que participen el ejido o la comunidad o sus integrantes.

Tierras parceladas. Son aquellas que han sido delimitadas por la asamblea con el objeto de constituir una porción terrenal de aprovechamiento individual, y respecto de las cuales los ejidatarios en términos de ley ejercen directamente sus derechos agrarios de aprovechamiento, uso y usufructo. Los derechos de los ejidatarios sobre sus parcelas. Se acreditan con sus correspondientes certificados de derechos agrarios o certificados parcelarios.

Zona de urbanización. Área destinada para la edificación de las viviendas de ejidatarios, comuneros y avecindados, en ella se ubican los solares asignados por la asamblea, así como el establecimiento de servicios urbanos necesarios para la convivencia comunitaria.

FUENTE DE INFORMACIÓN

AGUILAR MOLINA, Víctor Rafael, "Las enajenaciones de derechos parcelarios conforme al nuevo artículo 80 de la Ley Agraria", *Revista Mexicana de Derecho*, núm. 10, Colegio de Notarios del Distrito Federal-Porrúa, México, 2008.

—, *La actividad notarial en el nuevo derecho agrario*, Breviario 1, 2ª ed., México, Colegio de Notarios del Distrito Federal-Porrúa, 2007.

AGUILASOCHO RUBIO, Ricardo, *Guía para las enajenaciones agrarias*, 2ª ed., México, Popocatépetl, 2009.

ASPRÓN PELAYO, Juan Manuel, *Impuesto al Valor Agregado*, Breviario 57, México, Colegio de Notarios del Distrito Federal-Porrúa, 2011.

—, *Sucesiones*, 2ª ed., México, McGraw-Hill, 2002.

DE LA MATA PIZAÑA, Felipe, y GARZÓN JIMÉNEZ, Roberto, *Bienes y Derechos Reales*, 3ª ed., México, Porrúa, 2009.

MASTACHI AGUARIO, Amando, *Derechos de Preferencia*, Breviario 42, México, Colegio de Notarios de la Ciudad de México y Tirant lo Blanch, 2022.

MÉNDEZ DE LARA, Maribel Concepción, "Las restricciones a la propiedad ejidal y comunal, cien años de evolución 1917–2017", en *100 años de derecho agrario en México. Evolución, retos y perspectivas*, coord. Emilio Zebadúa y Jorge Moreno Collado, T. I–II, México, Porrúa, 2017.

—, *El ejido y la comunidad en el México del siglo XXI. La transición agraria 1992–2015*, México, Porrúa, 2016.

OROZCO GARIBAY, Pascual Alberto, "Naturaleza del ejido, y de la propiedad ejidal. Características y limitaciones", *Revista Mexicana de Derecho*, núm. 12, Colegio de Notarios del Distrito Federal-Porrúa, México, 2010.

—, *El régimen constitucional de la propiedad en México*, Breviario 54, México, Colegio de Notarios de la Ciudad de México y Tirant lo Blanch, 2022.

—, *La constitucionalización de la propiedad social. Orígenes y perspectivas. El artículo 27 constitucional*, Colección de aportaciones de la Escuela Internacional de Derecho y Jurisprudencia a la Cultura Jurídica, núm. 1, México, Escuela Internacional de Derecho y Jurisprudencia, 2019.

—, *La propiedad pública, privada y social en México*, México, Porrúa, 2024.

—, *La propiedad social en México: un problema aún sin resolver. Alternativas jurídicas para un mejoramiento económico y social*, tesis doctoral, México, Escuela Libre de Derecho, 2021.

RIVERA RODRÍGUEZ, Isaías, *El nuevo derecho agrario mexicano*, México, McGraw-Hill, 1994.

TEUTLI OTERO, Guillermo, "La cuestión agraria mexicana. Breve introducción a su evolución y marco legal", en *Cien años de derecho agrario en México. Evolución, retos y perspectivas*, coord. Emilio Zebadúa y Jorge Moreno Collado, T. I, México, Porrúa Print, 2017.

TRIBUNALES AGRARIOS, PROCURADURÍA AGRARIA, REGISTRO AGRARIO NACIONAL y COLEGIO DEL NOTARIADO MEXICANO, *Actos jurídico-agrarios con participación de las y los notarios públicos conforme a la Ley Agraria. Protocolo orientador*, México, Tribunales Agrarios, Procuraduría Agraria, Registro Agrario Nacional y Colegio Nacional del Notariado Mexicano, 2022.

Legislaciones

Constitución Política de los Estados Unidos Mexicanos

Código Civil Federal

Código Fiscal de la Federación

Ley del Impuesto Sobre la Renta

Ley del Impuesto al Valor Agregado

Ley Agraria

Miscelánea Fiscal 2025

Reglamento de la Ley del Impuesto Sobre la Renta

Reglamento de la Ley del Impuesto al Valor Agregado

Reglamento de la Ley en Materia de Certificación de Derechos Ejidales y Titulación de Solares

Reglamento del Registro Agrario Nacional

Reglamento de la Ley Agraria en Materia de Ordenamiento de la Propiedad Rural

Páginas electrónicas

Registro Nacional Agrario. http://www.ran.gob.mx/ran/indic_bps/2_SER-2020.pdf Consultada el 4 de agosto de 2021.

Registro Nacional Agrario. http://www.ran.gob.mx/ran/indic_bps/8_SEJCPAR-2020.pdf Consultada el 4 de agosto de 2021.

Registro Nacional Agrario. http://www.ran.gob.mx/ran/indic_bps/10_SEJCUC-2020.pdf Consultada el 4 de agosto de 2021.

Registro Nacional Agrario. http://www.ran.gob.mx/ran/indic_bps/6_SEJCAH-2020.pdf Consultada el 4 de agosto de 2021.

Registro Nacional Agrario. http://www.ran.gob.mx/ran/indic_bps/13_SEJSOLAR-2020.pdf Consultada el 4 de agosto de 2021.

Registro Nacional Agrario. http://www.ran.gob.mx/ran/indic_bps/17_SCR-2020.pdf Consultada el 4 de agosto de 2021.

Registro Nacional Agrario. http://datos.ran.gob.mx/conjuntoDatosPublico.php Consultada el 20 de julio de 2021.

Registro Nacional Agrario. http://datos.ran.gob.mx/conjuntoDatosPublico.php Consultada el 2 de agosto de 2021.

Tesis y precedentes judiciales

Amparo Directo en Revisión 7737/2023, Segunda Sala de la Suprema Corte de Justicia de la Nación, Ministra ponente Yasmín Esquivel Mossa, 24 de abril de 2024.

Asamblea de ejidatarios. La asignación de parcelas ejidales que realice en contravención al principio de indivisibilidad no actualiza una nulidad de pleno derecho y, por tanto, el plazo para su impugnación es el previsto en el artículo 61 de la Ley Agraria, *Semanario Judicial de la Federación y su Gaceta*, Registro Digital 168993, Novena Época, septiembre de 2008.

Cesión de derechos parcelarios y de tierras ejidales de uso común. Es nula cuando comprende la totalidad de los bienes de la persona cedente (aplicación supletoria del Código Civil Federal), *Gaceta del Semanario Judicial de la Federación*, Registro Digital 2028932, Undécima Época, junio de 2024.

Comisariado Ejidal. Está legitimado para demandar, en representación del ejido, la nulidad de un contrato de cesión de derechos a título gratuito, celebrado entre un ejidatario y un tercero ajeno al núcleo de población, respecto de parcelas ejidales de las que el enajenante todavía no adquiere el dominio pleno, *Semanario Judicial de la Federación y su Gaceta,* Registro Digital 182233, Novena Época, febrero de 2004.

Derechos parcelarios. El derecho del tanto sólo opera cuando su transmisión se realiza a título oneroso, *Semanario Judicial de la Federación y su Gaceta,* Registro Digital 191257, Novena Época, septiembre de 2000.

Derecho del tanto en materia agraria. Los menores no tienen capacidad legal para ejercerlo, *Semanario Judicial de la Federación y su Gaceta,* Registro Digital 180904, Novena Época, agosto de 2004.

Derecho del tanto en materia agraria. No es exigible cuando la enajenación o cesión de derechos parcelarios se realiza al cónyuge, concubinaria o concubinario, o bien a alguno de los hijos del ejidatario titular, *Gaceta del Semanario Judicial de la Federación,* Registro Digital 2010509, Décima Época, noviembre de 2015.

Derecho del tanto previsto en el artículo 84 de la Ley Agraria. Dentro del concepto "familiares" a que alude dicho numeral, quedan comprendidos todos los que teniendo alguna relación de parentesco, matrimonio o concubinato con el enajenante, son limitación por razón de línea o grado, guardan una relación directa con las actividades propias del núcleo de población, *Semanario Judicial de la Federación y su Gaceta,* Registro Digital 161651, Novena Época, julio de 2011.

Enajenación de parcelas. Legitimación para ejercer la acción de nulidad por violación al derecho del tanto, *Semanario Judicial de la Federación y su Gaceta,* Registro Digital 2002526, Décima Época, enero de 2013.

Parcela ejidal. Es indivisible bajo el régimen agrario en vigor, *Semanario Judicial de la Federación y su Gaceta,* Registro Digital 188558, Novena Época, octubre de 2001.

Parcelas ejidales. No se viola el principio de su indivisibilidad si el ejidatario, titular de derechos respecto de varias de ellas, transmite los relativos a una, *Semanario Judicial de la Federación,* Registro Digital 165499, Novena Época, enero de 2010.

Prescripción de la acción de nulidad por violación al derecho del tanto en materia agraria. El plazo para que opere debe computarse a partir de la notificación de la compraventa de la parcela, *Gaceta del Semanario Judicial de la Federación,* Registro Digital 2011704, Décima Época, mayo de 2016.

Solares urbanos. El título de propiedad a que se refiere el artículo 69 de la Ley Agraria determina si el promovente del juicio de amparo que reclama una resolución vinculada con aquellos, es sujeto de derecho común o de derecho agrario, *Semanario Judicial de la Federación y su Gaceta,* Registro Digital 180453, Noveno Época, septiembre de 2004.

Solares urbanos para determinar la oportunidad de la presentación de una demanda de amparo contra una resolución vinculada con ellos, el juzgador deberá verificar si se cuenta con el título a que se refiere el artículo 69 de la Ley Agraria, *Semanario Judicial de la Federación y su Gaceta*, Registro Digital 180452, Novena Época, septiembre de 2004.

Tierras ejidales. Si a los ejidatarios no se les ha otorgado el dominio pleno sobre ellas, conforme a los artículos 27, fracción VII, de la Constitución Política de los Estados Unidos Mexicanos y 81 de la Ley Agraria, no pueden ceder sus derechos relativos a un tercero ajeno al núcleo de población, aun a título gratuito, *Semanario Judicial de la Federación y su Gaceta*, Registro Digital: 169773, Novena Época, abril de 2008.